대한민국국부 도산안창호전서 V

도산 안창호의
연보와 사진

박화만 엮음

발간사

『국부전서』를 펴내며
- 도산 안창호를 새롭게 본다 -

　우리는 『대한민국국부 도산안창호전서』 출간에 즈음하여 큰 기쁨과 보람을 느낀다. 도산 안창호 선생(1878~1938)의 사상과 운동을 보여주는 직접 자료들을 모두 모은 다음, 이를 누구든지 쉽게 읽고 이해할 수 있도록 손질하여 5책에 담았다. 즉, 1권과 2권에는 그의 사상이 담긴 말과 글들을 모았으며, 3권에는 상해에서 임시정부를 붙들기 위해 혼신의 노력을 다했던 9개 월 간의 분투 내용을 담은 일지를 번역하여 원문과 함께 실었고, 4권은 그가 가족과 동지들에게 보낸 편지들만을 따로 모았으며, 5권에서는 그의 행적을 가능한대로 정밀히 추적하여 상세한 연보를 작성하고 관련된 사진 자료들을 함께 실었다. 이로써 전문 관계자들만이 아니라 일반 시민들을 위한 도산 관련 자료의 현대판 집대성이 이루어졌다고 할 것이다.

　돌이켜 보면 개항 직후 태어난 도산 선생께서 활동한 지난 19세기 말부터 20세기 전반은 세계사적으로도 유례없는 제국주의 전성기였다. 동아시아의 맨 끝자락에 자리한 한반도마저 마침내 그 격랑 속에 휩쓸리게 되었고 끝내는 인접한 일본제국주의에 국권을 빼앗겨 식민지 암흑천지로 전락하고 말았다. 깜깜한 밤이 되면 여기저기 별들이 나타나듯 5천년 민족 역사상 최대의 위기에 맞닥뜨려 곳곳에서 뜻있는 분들이 떨쳐 나왔다. 의사 열사 장군 여사 박사 선생 등으로 불리는 수많은 애국지사들이 온몸을 던져 맞서고 싸웠다.

　총총히 빛나는 그 숱한 별들 가운데서도 가장 환히 빛나는 별 중의 별이 도산 안창호 선생이시다. 60평생을 그 전반은 쓰러져 가는 나라를 지키기 위해, 그리고 그 후반은 빼앗긴 나라를 되찾아 새로운 나라,

행복한 세상을 세우기 위해 온 생애를 오롯이 바친 참 애국자요 혁명가였다.

그런데 우리는 왜 그를 굳이 대한민국의 국부라 부르는가. 그의 고결한 인격과 우리 근현대 역사 속에서의 굵직한 역할 때문이다. 먼저 도산 선생의 전 생애를 짚어보며 우리는 다음의 몇 가지 인간적 특성을 발견한다.

첫째, 그는 <큰 꿈과 비전>의 인물이었다.
그가 1906년 말 28세 청년 시기에 완성한 <민족혁명 구상도>에는 국가 독립의 달성(=국권광복國權光復) 및 문명부강한 나라 건설(=조국증진祖國增進)의 원대한 비전과 그것을 실현할 정밀한 계획이 담겨 있다. 그로부터 20여 년이 흐르면서 그의 생각과 경험이 더 무르익은 다음에는 대공주의大公主義와 애기애타愛己愛他라는 말 속에 그의 비전은 새롭게 집약되었으며, 궁극적으로는 전 세계 평화와 전 인류 행복의 염원을 담은 세계대공世界大公의 차원에 이르게 되었다.

둘째, 그는 <비상한 용기와 결단>의 인물이었다.
1894년 평양에서 청일전쟁의 참상을 보고 나라의 힘 없음을 절감한 16세 소년 도산은 혈혈단신으로 무단 상경하여 새 세상을 보고 듣게 되었다. 1902년 선교사를 통해 서양을 알게 된 24세 청년 도산은 미국 유학을 결단한 뒤 곧바로 배에 올랐다. 5년 동안 미국 교민 사회에서 솔선수범과 섬김의 리더십으로 최고 지도자의 위치에 서게 됐던 그는 29세 되던 1907년 구국운동의 본진에 뛰어들기 위해 급거 귀국하여 비밀조직인 대한신민회를 결성했다. 경술국치 후 망명길에 오른 그는 대한인국민회를 다시 일으키고 흥사단을 창립한 후 3.1운동이 일어나자 즉시 중국으로 건너가 41세의 나이로 초기 임시정부의 중심 역할을 수행하였다.

셋째, 그는 <협동과 조직>의 인물이었다.
1897년 약관 20세에 독립협회에 참여하여 사회활동을 시작했던 그는 공립협회(1905)와 대한신민회(1907)와 청년학우회(1909)와 흥사단(1913)을 만들고 지도하였으며, 대한인국민회(1911)와 대한민국임시정부(1919)와 국민대표회(1923)와 유일독립당운동(1926년) 한국독립당(1931)에 주도적으로 참여하였다. 그 과정에서 시종일관 동지들에게 강조한 것은 통일과 단합, 단결과 협동이었다.
물론 그렇다고 하여 당시 그가 모든 사람들의 지지를 받고 모든 세력을 다 수용할 수는 없었다. 그는 지역적으로 서북지방 평안도 출신이라는 근원적 한계를 안고 있었고 사상적으로도 공산주의 세력까지를 다 아우르지는 못하였다. 그러나 당대의 최고 지도자로서 누구보다도 가장 폭넓은 개방성과 포용력을 보여준 것은 분명하다.

넷째, 무엇보다 그는 <높은 도덕성과 고상한 품격>의 인물이었다.
사회적 존재인 인간의 도덕성과 품격은 돈과 권력에 대한 태도에서 가장 잘 드러난다. 우선 그는 금전 문제에서 주위 사람들의 완전한 믿음을 얻었다. 자금의 필요성이 아무리 절실한 상황에서도 그는 정당한 돈인지 여부를 먼저 가렸다. 정당한 돈임이 확인되면 또 그것을 보낸 사람의 뜻을 확인하였다. 그래서 특별한 공적 용도로 보낸 것인지 조건 없는 사적 지원인지를 분명히 가린 다음에야 비로소 그에 맞게 사용하였다.
또한 그는 자신이 가진 지위나 힘을 결코 스스로를 위해 사용하지 않았다. 그는 언제나 자신을 낮추는 겸양과 솔선수범의 자세로 공익을 위해 헌신 봉사하였다. 조직 속에서 그는 늘 윗머리에 서려하지 않고 밑에서 섬기는 자세를 견지하였다. 3.1운동 후 임시정부의 통합을 주도하면서 내무총장에서 노동국총판으로 스스로 내려앉은 일은 그 단적인 사례였다.

이밖에도 그는 경박한 언행이나 이성 문제 등으로 논란된 적이 일체 없었다. 오랜 기간을 가족과 떨어져 생활하였지만 엄격한 절제로 주변의 믿음을 확보하여 지도자로서의 위신과 도덕적 권위를 잘 유지할 수 있었던 것이다. 명실공히 최고위 지도자로서 대중들의 모범이 되기에 넉넉한 품격을 가졌고 거기서 나오는 큰 감화력을 지녔기에 그에게는 <민족의 스승, 만인의 사표>라는 참으로 명예로운 이름이 따랐다.

그러나 우리가 도산 안창호를 <대한민국국부>라는 또 다른 이름으로 새롭게 부르려 하는 것은 위의 인간적 장점들 때문만은 아니다. 그것들은 최소한의 필요조건일지언정 충분조건까지 되지는 않는다. 무엇보다 그가 역사적으로 대한민국의 성립 과정에서 수행한 과거 업적과 함께 현재와 미래에 시사하는 함축적 의미까지도 헤아리기 때문이다. 도산 선생은 우리 근대 역사 초기에 생각은 물론 온몸으로 민주주의를 철저히 체득한 최초의 선각자였다. 아울러 자유평등의 근대 시민사회와 국민주권의 공화국가 건설을 앞장서 선창한 선도자였다. 그리하여 먼저 한말에는 대한신민회를 결성하여 근대시민近代市民의 양성과 민주공화국 건설을 위한 최초의 대중운동인 신민신국新民新國운동을 주도하였으며, 일제강점기에는 해외 한인의 총결집체인 대한인국민회를 대표하였으며, 3.1운동 후에는 한국 민족의 정신적 구심체가 된 대한민국임시정부를 이끌어 해방 후의 대한민국에 접목시킬 수 있도록 키우고 지켜냈다.

수난의 우리 근현대 역사에서 한말의 신민회는 민주공화국가 대한민국의 정신적 뿌리였으며, 국권 상실 후 1910년대의 대한인국민회는 <무형無形의 국가>와 <임시假정부>를 스스로 자임하였으며, 대한민국 임시정부는 현재의 우리 대한민국의 법률적 아버지이다.

비록 그 자신은 해방 7년 전에 순국하여 오늘의 대한민국을 직접 볼 수 없었다. 그러나 신민회의 창설자요 지도자였으며, 대한인국민회의 중앙총회장으로서 최고 중심인물이었으며, 대한민국임시정부의 기반 확립자요 가장 든든한 지지옹호자였다는 역사적 맥락에 비추어 보면 도산 안창호 선생이야말로 오늘의 대한민국이 있게 한 최대 공로자였다는 점에 이견이 없을 것이다.

물론 엄격히 말하면 도산 안창호 선생이 생전에 소망했던 대한민국은 오늘의 남쪽만의 분단국가일 수는 없다. 당연히 한반도 전체를 포괄하는 민족국가였다. 대한민국은 그를 비롯한 독립선열들께서 간절히 바랐던 그 통일 민족국가를 표상하는 국호였던 것이다. 장차 어느 시기에 남북이 다시 화해하고 나아가 평화적으로 합쳐지게 되면 그때까지도 우리의 국호가 반드시 대한민국이리라는 보장은 없다. 그때 가서 민족 구성원들의 다수 의견에 따라 결정될 일이다.

그러나 그 통일국가는 국호가 무엇이든 반드시 지난 시기 도산 선생이 꿈꿨던 자유와 평등이 잘 어우러진 진정한 민주주의 사상인 대공주의大公主義와 내용적으로 합치되는 나라일 것이다. 장차 남북이 하나가 된 대공주의 통일 민족국가가 서면 그때 전체 한국민족은 도산 안창호 선생을 더욱더 분명한 우리의 국부로 인식하고 따라 배우게 되리라 확신한다.

따라서 이번 『국부 전집』 발간의 의의는 단지 지나간 역사 속의 뛰어난 인물인 도산 선생 개인을 기억하고 추앙하려는데 그치지 않는다. 우리의 현재와 미래를 올바로 열어 가기 위한 노력과도 직결되어 있다. 우리는 그동안 우리가 이룩한 엄청난 성취에도 불구하고 아직 여러모로 부족하고 혼란스러운 오늘을 근본적으로 성찰할 필요가 있다. 그 바탕 위에서 평화와 번영의 내일을 모색하는데 힘을 모아야 한다. 눈 밝은 이들은 그의 과거 언행과 함께 이 책 페이지마다에 박혀 있는 크고 환한 미래 비전까지도 찾아낼 것이다. 장차 우리가 대공주의와 애기애타와 세계대공과 인류행복의 큰 바다를 향해 가는 동안 도산 안창호 선생은 단지 <겨레의 스승>과 <대한민국 국부>에 그치지 않고 점차 <전 인류의 스승이요 지도자>로 떠오르게 되리라 믿는다.

아무쪼록 이 자료집이 널리 읽혀져 오늘의 우리들에게 내일을 향한 푯대와 등대가 되기를 바라마지 않는다. 우리 모두가 그의 고결한 인격에 감화 받고 고상한 비전에 공감하게 된다면 전 세계인들로부터 1등 국민으로 아낌없는 존경을 받게 될 것이다. 누구보다도 우리 사회의 지도층들이 도산 선생에게서 배울 수 있기를 진정으로 바란다. 일체의 사리사욕을 초월한 그의 대공복무大公服務의 정신과 헌신봉사의 자세야말로 우리 사회 각계각층의 리더들에게 절실히 요청되는 미덕이라 본다. 무엇보다 우리의 미래를 떠맡을 청소년들에게 소중히 읽혀져 큰바위 얼굴의 역할을 할 수 있다면 더없는 보람이라 하겠다.

2025년 5월 1일

홍사단

엮은이의 말

　도산 안창호 선생은 한평생 전 세계를 종횡으로 누비며 밤낮없이 조국의 독립과 혁명을 위해 분골쇄신하였습니다. 우리나라와 동아시아의 근현대 역사에 큰 발자취를 남긴 안중근, 윤봉길, 김구, 여운형 등의 막후에는 어김없이 도산의 숨결이 작용하고 있었습니다. 또한 그가 창립한 흥사단에서는 200여 명의 독립유공자와 산업역군과 민주화운동가가 쏟아져 나왔습니다. 실로 도산 선생은 우뚝한 봉우리로 서 있는 한국 근현대사의 최고 인물이었습니다.

　그러나 도산 선생의 생애와 사상이 제대로 세상에 알려지게 된 것은 그리 오래지 않습니다. 1980년대에 그에 관한 자료가 해외에서 국내로 반입되고, 그의 후학들에 의한 연구 성과가 빛을 보기 시작한 2,000년 경부터였습니다. 동시에 도산에 관한 연보와 사진 자료들도 좀 더 상세히 알려지게 되었던 것입니다.

　그러나 도산 연보의 경우, 여러 저작물들에 부록 형식으로 수록되어 왔지만 전체적으로 소략하여 빠진 내용이 많고 잘못 소개된 사실도 적지 않았습니다. 비교적 신뢰도가 높은 몇몇 논문이나 평전들에서도 특정 시기나 일부 분야를 제외하면 전체적으로 아쉬운 경우가 많았습니다.

　한편 도산과 그의 동지들 및 가족 친지들에 관한 사진자료는 도산안창호선생기념사업회에서 발간한 《수난의 민족을 위하여》(1999)와 《도산안창호전집 14권 사진》(2000)의 두 화보집에 거의 다 망라되어 있었습니다. 이 두 권에 수록된 사진들 가운데 극히 일부만이 지난 25년간 발간되어온 각종 도산 관련 저작물에 활용되어 왔습니다.

　이번에 우리는 《대한민국국부 도산안창호전서》를 발간하면서 전체 5권 가운데 하나로 《도산 안창호의 연보와 사진》을 발간하기로 하였습니다. 도산의 평생에 걸친 행적을 가능한 대로 상세히 파악하고, 그에 관련되는 사진 자료들을 모두 망라하여 한 권에 담기로 한 것입니다.

그럼으로써 독자들이 도산의 생애 전체를 쉽고 편하게 이해할 수 있도록 하였습니다.

엮은이는 먼저 도산 연보와 국내·외 정세를 비슷한 비중으로 구분하여 각기 연도 별로 기술하고 이를 도산 선생의 생애와 활동에 따라 시기 별로 6개의 장으로 나눈 다음, 관련 사진을 해당 시기별, 연대순으로 배열하였습니다. 그리고 도산의 가족과 친지에 관한 사진을 별도의 장에 묶어 제7장을 구성하고, 또 그의 사후 각종 추모와 기념행사 및 유품에 대한 연보와 사진을 모아 제 8장으로 엮었습니다.

돌이켜 보면 그동안 연보는 비교적 충분한 기간을 두고 수정보완을 할 수 있었으나 사진 화보의 편집에는 절대 시간이 부족하여 어려움이 많았습니다. 연보와 사진을 서로 연계해야 했으므로 출판위원회와 편집실무진 사이의 호흡이 무엇보다 중요하였습니다. 촉박한 시간 중에도 최선을 다하여 출중한 기량을 보여주신 디자인 세창의 김충수 대표님과 손동수 과장님 이하 여러분께 감사를 드립니다.

엮은이는 도산의 연보와 사진에 관한 자료를 최대한 수집하고 또 정확성을 기하기 위하여 최선의 노력을 다하였으나 여전히 미흡한 점들이 많을 것입니다. 이후에도 기회가 주어지는 대로 보완하려고 합니다. 부족하나마 도산 안창호 선생을 알고자 하는 모든 이가 이 연보와 사진집을 통해 보다 편안하고 친근하게 다가갈 수 있기를 기대하며, 그동안 성심껏 도와주신 여러분께 거듭 감사의 말씀을 드립니다.

일러두기

1. 이 책은 도산 안창호 선생의 생존 시기를 1878년 11월~1902년 8월(1장), 1902년 9월~1910년 3월(2장), 1910년 4월~1919년 3월(3장), 1919년 4월~1924년 9월(4장), 1924년 10월~1932년 3월 11일(5장), 1932년 4월~1938년 3월(6장)으로 구분하고, 가족과 친지의 사진(7장)과 1938년 3월 12일~2023년 12월까지 실시된 추모와 기념 사업의 연보와 기록사진 및 유품(8장) 등 8개의 장으로 구성하였다.

2. 연보를 도산 선생 연보와 같은 비중으로 국내·해외 연보를 구분하여 도산이 한반도와 동아시아, 북중미, 유라시아, 호주와 태평양 및 대서양을 누비며 활동한 지역적 시대적 배경을 함께 이해할 수 있도록 하였다.

3. 각 장 별로 연보와 사진을 각각 연대순으로 배열하되 사실을 철저하게 확인하여 정확하고 간결하게 수록하였다.

4. 도산 안창호 연보는 《도산 안창호의 말씀》(박만규·박화만 엮음. 2023, 흥사단.)을 기초로 안재환 님의 〈연보와 사진으로 함께 걷는 도산 안창호의 삶과 발자취〉(미공개)에서 일부를 참조하여 보완하였으며, 국내·해외 연보는 《한국사 연표》(백태남 편저. 1913. 다홀미디어)를 참조하였다.

5. 사진은 도산안창호기념사업회에서 발간한 《수난의 민족을 위하여》(1999)와 《도산안창호전집》(2000)을 참조하였고, 도산안창호선생기념사업회(ahnchangho.or.kr)를 방문하여 추가로 조사하였다.

차 례

제1장 대한의 새빛으로 -출생과 성장-　　　　　　　　　　　　　015

제2장 대한 민국운동의 선구자 -공립협회와 신민회 운동-　　　　039

제3장 무형의 대한민국 최고지도자 -대한인국민회-　　　　　　077

제4장 대한민국의 아버지 -대한민국임시정부-　　　　　　　　　149

제5장 대공주의 혁명 영수 -대혁명당운동-　　　　　　　　　　　219

제6장 불굴의 혁명가 -옥살이와 순국-　　　　　　　　　　287

제7장 가족 친지 사진모음　　　　　　　　　　331

제8장 추모 및 기념 사진모음　　　　　　　　　　361

제1장

대한의
새빛으로
-출생과 성장-

1878년 11월 ~ 1902년 8월

도산이 소년 시절 오르내렸던 대동강이 굽어보이는 모란봉 일대

1장 대한의 새빛으로 -출생과 성장-

도산연보

1878년
출생
- 11월 9일(음10.6.) 평안남도 강서군 초리면 7리 봉상도(鳳翔島, 도롱섬)에서 승흥 안씨 25대손인 안흥국〔安興國, 도산의 자필 이력서에 따름. 족보에는 안교진(安敎晉)으로 되어 있음〕과 어머니 제안 황씨의 3남으로 태어남. 도산의 가계는 순흥 안씨 참의공파인데 참의공 종검(從儉)은 고려 공민왕때 공조참의를 지냈으며, 도산의 17대조가 됨. 순흥 안씨 족보에는 11월 11일생, 이름이 '安昌鎬'로 기록되어 있으나 자필 이력서에는 11월 9일 '安昌浩'로 되어 있음. 당시 아버지는 빈농의 선비로서 27세, 어머니 황씨(黃氏, 몽은) 32세, 큰형 치호(致浩), 둘째형은 일찍 사망, 누이 안신호(安信浩).

1884년
6세
- 아버지 슬하에서 한문을 배우기 시작함.

1885년
7세
- 평양군 대동강변 국수당으로 이사함.

1878년 11월 ~ 1902년 8월

국내외 정세

1878년
- 4월~9월 조선 개항(1976)에 이어 일본군함 천성환(天城丸)이 부산·원산·동서해안을 측량함.
- 6월 일본, 제일은행 부산지점을 설립함.
- 11월 20일 영국군, 아프가니스탄을 침입함.

1884년
- 6월 19일 청국·프랑스 전쟁이 발발함.
- 10월 17일 김옥균·서광범·서재필·박영효·홍영식 등 개화당이 우정총국 낙성식 축하연을 기하여 갑신정변(甲申政變)을 일으킴(3일만에 실패).
- 11월 24일 갑신정변과 관련하여 일본과 한성조약(漢城條約)이 체결됨.

1885년
- 3월 1일 영국 극동함대 거문도 불법 점거함(거문도사건).
- 4월 5일 기독교 선교사 언더우드(H.G. Underwood)와 아펜젤러(H.G. Appenzeller), 제물포를 통해 조선에 입국함.

1장 대한의 새빛으로 -출생과 성장-

도산연보

1886년
8세
- 서당에서 한문을 수학하며 16세까지 목동 생활을 겸함.

1888년
10세
- 부친 안교진('안흥국')이 별세함.

1891년
13세
- 평남 강서군 남부산면 노남리(魯南里)로 이사. 서당에서 김현진(金鉉鎭)에게 한문 수학하고, 사당 선배 필대은(畢大殷)과 교류하며 신사조를 수용하기 시작함.
- 할아버지 슬하에서 서당에 출석하여 한문을 계속 수학함.

1892년
14세
- 평남 강서군 동진면 심정리(心貞里)로 이사함.
- 심정리 김현진의 서당에게 한문을 수학하고, 안악 출신 선배 필대은(畢大殷)과 교류하며 신사조를 배우기 시작함

1878년 11월 ~ 1902년 8월

국내외 정세

- 4월 10일 왕립 광혜원(廣惠院, 후에 제중원)을 설립(운영자 알렌), 고종이 1886년에 윤허함.
- 4월 18일 청국, 일본과 천진조약(天津條約)을 체결, 조선 철병 등에 합의함.
- 8월 3일 아펜젤러, 배제학당을 설립함.

1886년
- 1월 영국군, 버마 전국을 점령함.
- 4월 28일 미국 여선교사 스크랜튼이 이화학당을 창립함.
- 6월 조선·프랑스, 수호통상조약을 체결함.
- 언더우드, 중국 정동 32번지에 고아원·실업학교인 언더우드학당을 설립함.

1888년
- 7월 13일 조선·러시아, 육로통상 장정을 조인함.
- 11월 30일 청국 강유위, 변법자강운동을 일으킴.
- 12월 청국, 북양해군을 설립함.

1891년
- 5월 31일 러시아, 시베리아 철도 부설 공사를 시작함.
- 6월 1일 인도 간디, 영국에서 귀국하여 반영 운동을 전개함.
- 6월 24일 한성~원산 간 북로전선을 준공함.
- 연해주 거주 조선인들이 러시아 국적에 편입, 최초로 정식 귀화함.

1892년
- 6월 조선·오트리아, 수호통상을 체결함.
- 8월 러시아·프랑스, 군사협정을 조인함.
- 12년 1일 동학교도, 삼례역에서 교조 신원과 동학교도 탄압을 중지할 것을 호소함.

1장 대한의 새빛으로 -출생과 성장-

도산연보

1894년
16세
- 청일전쟁의 평양성 전투를 목격하고 분개하여 민족문제에 눈뜸.
- 상경하여 남대문 객주집에 머물며 너울 곳곳을 구경하고 직업을 구함.
- 연말 미국인 선교사 밀러(F.S. Miller)를 만나 숙식을 해결하고 신학문을 배우기 위해 예수교장로회에서 설립한 야소교학교(언더우드학당, 밀러학당, 구세학당-救世學堂) 보통과에 입학함.

1895년
17세
- 밀러학당에서 영어와 선진 과학문명을 수학, 접장(조교) 손순명의 전도로 예수교(장노교)에 귀의함.
- 고향에 내려갔을 때 마을 유지 이석관(李錫寬)을 예수교로 전도시킴.
- 선배 필대은이 동학농민혁명에 참사했다가 실패하여 찾아오자 밀러학당에 입학시킴.

1896년
18세
- 구제학당(밀러학당) 보통과(2년) 졸업 후 특별반에 들어가 접장(조교)으로 학생들을 지도함.
- 11년 30일 배재학당에 찬성원으로 가입하고, 서재필의 강연회와 배재학당의 협성회에 참석함.

1878년 11월 ~ 1902년 8월

국내외 정세

1894년
- 1월 10일 고부(古阜)에서 전봉준 지도로 동학농민운동 일어남.
- 5월 5일 청군이 아산만에, 일본군은 인천에 상륙함.
- 7월 11일 갑오개혁 실시, 15일 제1차 김홍집 내각이 성립됨.
- 6월 국제올림픽위원회(IOC)이 창립됨.
- 8월 17일 일본군, 평양에서 벌어진 청일전쟁에서 승리함.
- 10월 22일 동학농민군, 우금치에서 일본군과 관군에 대패함.
- 12월 청국 손문(孫文), 하와이에서 중흥회(中興會)를 창립함.

1895년
- 4월 유길준, 서유견문(西遊見聞)》을 일본 동경(東京)에서 간행
- 4월 17일 청국·일본, '시모노세키 강화조약' 체결. 청국이 일본에 요동반도·대만·팽호도를 할양하기로 함.
- 4월 23일 독일·프랑스·러시아, 청국에 3곳을 반환토록 일본에 요구함(三國干涉).
- 6월 7일 일본, 대만을 점령하고 대만총독부를 설치함.
- 8월 20일 일본 군인과 낭인이 경복궁에서 명성황후를 시해함 (乙未事變).
- 9월 9일 태양력(太陽曆)을 채용함. 1975년 11월 17일을 1896년 1월 1일로 함.
- 11월 15일 단발령을 반포함.

1896년
- 1월 11일 무관학교 관제를 공포함.
- 2월 11일 고종이 러시아공사관으로 피신(俄館播遷), 유길준 등이 일본으로 망명함.
- 4월 6일 아테네에서 제1회 근대올림픽대회가 개최됨.
- 4월 7일 서재필 등, 《독립신문》을 창간함.

1장 대한의 새빛으로 -출생과 성장-

도산연보

1897년
19세
- 독립협회에 가입하고 회원으로 활동함.
- 고향으로 돌아왔을 때, 조부의 주선으로 전 훈장 이석관(李錫寬)의 장녀 이혜련(李惠鍊, 당 13세)과 약혼함.
- 동생 신호와 이혜련을 상경시켜 정신여학교에 입학시킴.

1898년
20세
- 3월 독립협회 관서지부 설립을 주도함.
- 9월 10일〔7.25.(음)〕 평양 쾌재정(快哉亭)에서 만민공동회(萬民共同會)를 개최하여 민중의 자각을 호소하고 평양의 명사가 됨.
- 상경하여 만민공동회에 참가하며 정치개혁 운동에 적극 동참함.
- 12월 25일 독립협회·만민공동회가 해체되어 피신하고 귀향함.

1878년 11월 ~ 1902년 8월

국내외 정세

- 7월 2일 서재필 등, 독립협회를 결성함.
- 7월 21일 런던에서 제2인터내셔널대회가 개최됨.
- 11월 21일 독립협회가 영은문 자리에 독립문을 기공함. 1897년 11월 20일 준공

1897년
- 2년 20일 고종, 경운궁으로 환궁함.
- 6월 16일 미국, 하와이 병합조약에 조인함.
- 8월 14일 고종이 연호를 광무(光武)로, 10월 3일 칭제(稱帝)를 선포함.
- 10월 11일 국호를 대한제국(大韓帝國)으로 정함.
- 10월 밀러학당이 12년만에 폐당됨. 10명의 남은 학생이 영신학당에 편입함. 영신학당은 후에 새문안교회의 초등교육기관이 됨.
- 11월 선교사 살해사건으로 독일이 청국 산동성 교주만(膠州灣)을 점령함.

1898년
- 2월 9일 독립협회, 종로에서 만민공동위원회를 시작함.
- 3월 27일 러시아, 청국으로부터 대련·여순 조차권 및 남만주열도 부설권을 획득함.
- 4월 9일 배재학당협성회, 최초 민간신문 《매일신문》을 창간함.
- 5월 29일 한성에 명동성당을 준공함.
- 6월 11일 청국, 변법자강(變法自彊)을 선포함.
- 7월 7일 황국협회가 결성됨.
- 7월 21일 동학교도 최시형(崔時亨)이 처형됨.
- 9월 5일 장지연·남궁억 등, 황성신문(皇城新聞)을 창간함.
- 9월 21일 청국에서 무술정변이 일어나고 강유위, 양계초 등이

1장 대한의 새빛으로 -출생과 성장-

도산연보

1898년
20세
- 강서군 동진면 암화리에 점진학교(漸進學校, 한국 최초의 남여공학)를 설립하여 신교육 운동을 실천함.
- 대동강변에서 하천매축공사로 황무지 개간사업을 실시함.
- 강서군 동진면에 탄포리교회(灘浦里敎會, 후에 가양교회)를 설립. 안창호가 전도한 신자들이 강서군에 청산리교회와 이로도교회를 세움.

1900년
22세
- 선배 필대은이 폐질환으로 별세함.
- 점진학교와 하천 매축 개간사업이 수구파의 탄압으로 재정조달이 막혀서 중단됨.

1901년
23세
- 미국에 유학하여 교육학 박사학위를 취득하고 귀국하여 국민의 신교육 실시에 종사하기로 결심함.

1878년 11월 ~ 1902년 8월

국내외 정세

일본으로 망명함.
- 11월 4일 고종, 독립협회의 해산을 명함.

1898년
- 3월 청국, 산동에서 의화단(義化團)이 봉기함.
- 3월 27일 관립학교가 설립됨. 교장 지석영
- 6월 24일 상공학교 관제를 공포함.
- 7월 러시아, 관동주(關東州)를 창설함.
- 8월 17일 대한국 국제(大韓民國國制)를 반포함.
- 9월 11일 청국과 통상조약을 체결함. 외국과 맺은 최초의 평등조약
- 9월 18일 경인선(인천-노량진)이 개통됨.
- 12년 4일 《독립신문》이 폐간됨

1900년
- 1월 1일 한국, 만국우편연맹에 가입함.
- 3월 러시아에 마산 율구미(栗九味) 조차를 허가함.
- 4월 10일 종로에 처음으로 전등이 가설됨.
- 6월 21일 의화단 사건으로 열강이 북경을 점령함.
- 7월 5일 한강철교를 준공함.
- 10월 25일 고종황제, 독도칙령(41호)를 반포함.
- 12월 8일 태극기(太極旗) 규정을 발표함.

1901년
- 5월 9일 미국, 뉴욕에 대공황이 발생함.
- 6월 프랑스에 평북 창성의 광산채굴권을 허가함.
- 7월 스웨덴, 제1회 노벨상 시상식을 거행함.
- 9월 7일 독일인 에케르트가 작곡한 대한제국 국가를 처음으로

1장 대한의 새빛으로 -출생과 성장-

도산연보

1902년
24세
- 미국 선교사 언더우드와 밀러의 유학 추천서를 얻어 여권을 취득하고, 지인 김응팔의 경제적 도움으로 여비를 마련하여 미국 유학 준비를 완료함.
- 9월 3일 김윤오(김필순의 형, 김마리아 외숙)의 주선과 밀러의 주례로 제중원(濟衆院)에서 약혼자 이혜련과 결혼식을 거행함.

국내외 정세

1878년 11월 ~ 1902년 8월

　　연주함.
- 10월 9일 빈민을 치료하는 기구인 혜민원(惠民院) 설치를 결정함.
- 11월 18일 미국, 파나마 운하 건설 및 관리권을 얻음.

1902년
- 1월 30일 영국·일본이 동맹을 체결함.
- 1월　러시아, 블라디보스토크-하바로프스크 간 시베리아 철도를 개통함.
- 4월 8일 청국·러시아, 군사조약 및 만주 반환조약을 체결함.
- 6월　러시아·프랑스·독일 3국 공사, 러시아 공사관에서 광산 등의 이권탈취를 모의함.
- 7월 4일 미국, 필리핀을 평정하였다고 선언함.
- 8월　청국과 열강 관세협정 체결함.

1장 대한의 새빛으로 -출생과 성장-

독립협회평남지회 회원으로 활동할 당시 갓을 쓴 도산

1878년 11월 ~ 1902년 8월

독립협회평남지회 회원으로 활동할 당시 갓을 쓴 도산(가운데)

1장 대한의 새빛으로 -출생과 성장-

선교사 밀러

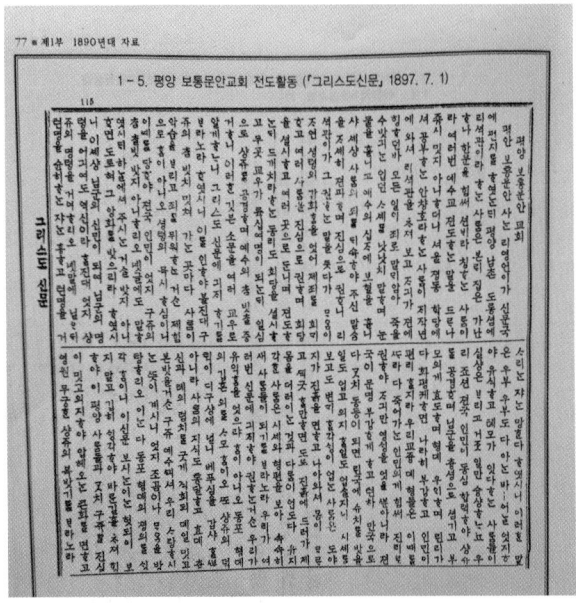

안창호의 전도활동, 그리스도신문 보도(1897.7.1.)

1878년 11월 ~ 1902년 8월

도산이 다닌 밀러학당 학생과 교사

밀러가 선교본부에 보낸 밀러학당 보고서

1장 대한의 새빛으로 -출생과 성장-

독립협회를 설립할 당시의 서재필

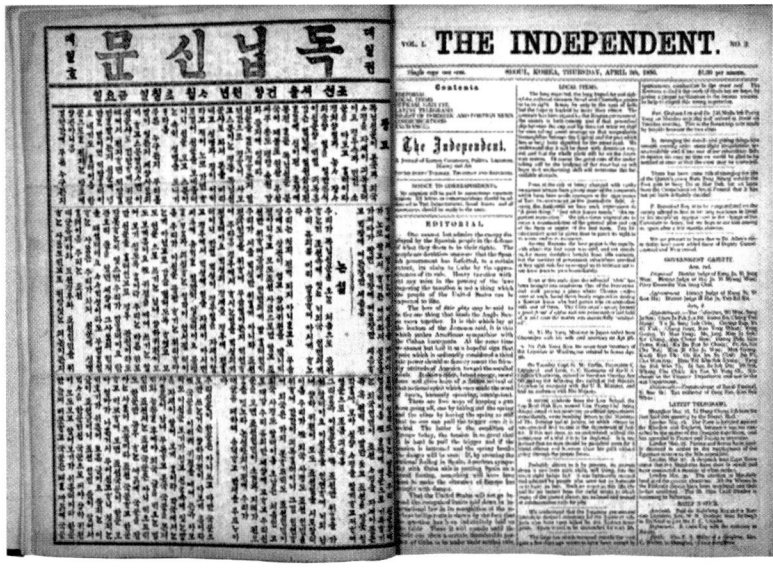

최초의 민간신문 독립신문

1878년 11월 ~ 1902년 8월

독립문과 독립관

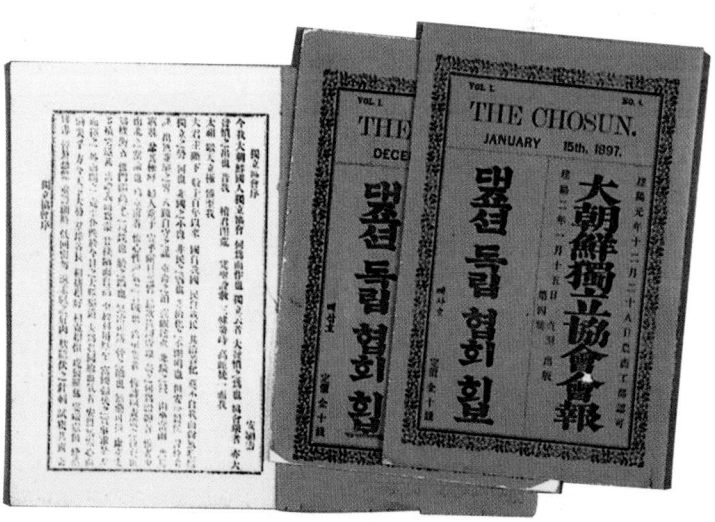

독립협회 기관지 대조선독립협회회보

1장 대한의 새빛으로 -출생과 성장-

독립관 강연을 듣기 위해 모여든 청중

평양 쾌재정의 현판 탁본

1878년 11월 ~ 1902년 8월

도산이 설립한 점진학교와 학생들(1932)

1장 대한의 새빛으로 -출생과 성장-

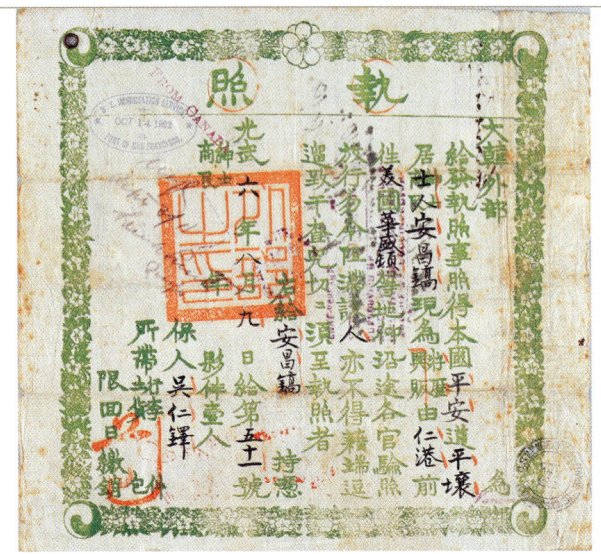

안창호의 여권(1902) 대한제국에서 발행한 집조로, 이름이 안창호로 되어 있다.

한말 광화문 앞 전경

1878년 11월 ~ 1902년 8월

이혜련여사와 결혼식을 올렸던 제중원

제중원 자리에 세워진 세브란스병원 건물

제2장
대한 민국운동의 선구자
-공립협회와 신민회 운동-

1902년 9월~1910년 3월

미국으로 출발할 무렵의 제물포항(1902)

2장 대한 민국운동의 선구자 -공립협회와 신민회 운동-

도산연보

1902년
24세
- 9월 4일 교육학과 기독교 교리를 공부할 목적으로 내외가 함께 제물포항을 출발, 요코하마-하와이-밴쿠버-시애틀을 거쳐 10월 14일 샌프란시스코에 도착함. 도중 하와이 근해에서 아호를 도산(島山)으로 함.
- 샌프란시스코 부근 이스트 오클랜드 의사 드류의 집에서 가사 고용인으로 종사함.
- 그래머 스쿨(국립 초·중고교)에 입학하여 영어 공부하였으나 연령 초과로 학업을 중단함.
- 샌프란시스코 재류 동포들의 생활 실태를 목격하고 먼저 동포들의 생활 개선사업 수행 후 대학입학을 결심함.

1903년
25세
- 3월 23일 샌프란시스코에서 로스앤젤레스 근교 리버사이드(河邊)으로 이사. 기독교 경영의 신학강습소에서 영어와 신학을 수업함.
- 리버사이드시 파차파(Pachappa) 에비뉴 1532번지에 한국인 노동자캠프인 '파차파 캠프'를 설치함.
- 9월 파차파 캠프 노동자 18명으로 리버사이드 공립협회(共立協會) 설립. 한인 노동자들의 조직화와 생활 계획
- 9년 23일 샌프란시스코 거류 동포들의 생활 개선을 지도하다가 이대위 등 10여 명과 함께 상항한인친목회를 조직하고 회장에 피선됨.

1904년
26세
- 3월 23일 샌프란시스코에서 로스앤젤레스 근교 리버사이드(河邊)으로 이사. 기독교 경영의 신학강습소에서 영어와 신학을 수

1902년 9월~1910년 3월

국내외 정세

1902년
- 10월 10일 도량형 규칙을 공포함.
- 11월 16일 개척·이민 사무를 주관하는 수민원(綏民院)을 설치함.
- 12월 22일 제1차 하와이 이민 121명이 출국함.

1903년
- 5월 25일 러시아 군대, 압록강변 용암포를 침입하여 점령함.
- 6월 16일 미국, 포드자동차사가 설립됨.
- 8월 7일 홍승하·윤병구 등, 하와이 호놀룰루에서 신민회 설립함(최초 해외동포 정치단체).
- 10월 20일 미국·캐나다·알래스카, 국경을 확정함.
- 10월 28일 황성기독교청년회(YMCA)가 창립됨.
- 11월 미국, 파나마운하 일대 영구조차권 획득
- 12월 17일 미국의 라이트 형제, 비행기를 발명함.
- 러시아, 일본에게 한국의 북위 39도선 분할을 제의함.

1904년
- 2월 9일 일본군, 한성에 진입함.
- 2월 10일 일본, 러시아에 선전포고, 러·일전쟁이 발발함.
- 2월 23일 한일의정서를 조인함.

2장 대한 민국운동의 선구자 -공립협회와 신민회 운동-

도산연보

업함.
- 리버사이드시 파차파(Pachappa) 에비뉴 1532번지에 한국인 노동자캠프인 '파차파 캠프'를 설치함.
- 9월 파차파 캠프 노동자 18명으로 리버사이드 공립협회(共立協會) 설립. 한인 노동자들의 조직화와 생활 개선을 지도함.

1905년
27세
- 3월 28일 로스앤젤레스에서 장남 필립(必立)이 출생함.
- 리버 사이드의 파차파 캠프를 '한인 노동국'(Korea Labor Bureau)으로 개칭함.
- 4월 5일 샌프란시스코에서 한인친목회를 발전시켜 공립협회(共立協會)를 창립, 확대 개편하고 초대 회장에 피선되어 1906년 5월까지 역임함.
- 11월 14일 퍼시픽가 938호의 3층 건물을 사들여(10월 27일) 공립회관인 '공립관'을 건립하고 한인교회와 영어학교를 운영함.
- 11월 20일 공립협회 기관지 순국문판 《공립신보(共立新報)》 창간호를 창간함.

1902년 9월~1910년 3월

국내외 정세

- 7월 양기탁이 영국인 베델(Bethel)과 함께 《대한매일신보》를 창간함.
- 8월 21일 제1차 한일협약(韓日協約) 조인, 외국인 고문을 두도록 함.
- 11월 10일 경부선 철도를 완공함.
- 12월 21일 대한적십자사가 발족됨.
- 네델란드, 인도네시아에 동인도회사를 설립함.

1905년
- 1월 18일 화폐조례를 공포함.
- 1월 22일 러시아, 피의 일요일 사건이 일어남. 1905년 혁명 발발
- 2월 22일 일본이 독도를 시마네현(島根縣)에 편입시킴.
- 4월 28일 경의선 철도를 개통함.
- 5월 27일 일본, 동해에서 러시아 발틱함대를 격파함.
- 7월 29일 일본·미국, 가쓰라-태프트 비밀협정을 체결하고 한국과 필리핀에서의 상호 지배권 인정함.
- 8월 12일 제2차 영·일동맹 조약 조인, 일본의 한국에서의 우위권 인정
- 9월 5일 러·일 강화조약(포츠머스 조약)를 체결함.
- 11월 17일 일본, 을사5조약(을사늑약) 강요로 한국의 외교권을 박탈함.
- 12월 1일 손병희, 동학을 천도교(天道敎)로 개칭함.
- 언더우드학당(밀러학당)의 맥락을 이어 1902년에 설립된 예수교중학교가 1905년에 경신학교(儆新學校)로 개명함.

2장 대한 민국운동의 선구자 -공립협회와 신민회 운동-

도산연보

1906년
28세
- 공립협회 총회장으로서 하와이 에와친목회와 함께 '을사조약' 강요를 규탄하는 〈배일선언문〉을 발표함.
- 4월 18일 대지진으로 퍼시픽가의 '공립협회 회관'이 불에 타자 오클랜드 텐트 가에 임시본부를 설치하고 1년 만에 돌아옴.
- 4월 24일 일본 영사가 불에 탄 공립회관 위로금을 일본 영사관에서 수령할 것을 연락하자 공립협회가 거부하고 통고문을 발표케 함.
- 12월 말 성탄절 무렵부터 1월 초 연휴 동안 리버사이드에서 이강·임준기·정재관·김성무·송석준·신달월·박영순·이재수 등 공립협회 핵심 회원들을 모아 자신이 작성한 〈민족혁명 구상도〉를 설명하고 귀국할 결심을 밝힘. 이에 따라 국내에 '대한신민회', 미주에 '신고려회'를 결성하기로 하고 국내 조직을 결성하기 위하여 대한신민회 취지서와 통용장정을 준비하여 도산을 공립협회 대표로 본국에 파견하기로 함.

1907년
29세
- 1월 초 리버사이드에서 미국의 공개 연락 단체로 신고려회를 발기하고 전권위원으로 임명됨.
- 1월 8일 국내 비밀결사 대한신민회(大韓新民會)를 조직하여 국권회복운동을 전개할 목적으로 귀국하기 위해 샌프란시스코 항을 출항함.
- 1월 하와이에 도착, 작은 아버지 안교점 가족을 만남.
- 1.20. 일본 요코하마에 기항함. 재동경 한인 유학단체 태극학회(太極學會)에서 애국연설을 함.
- 2월 3일 동경 유학생 단체인 태극학회(회장 장응진, 총무 김지간)가 주최한 환영회에 참석하고 당시 동경에 체류 중인 유길준, 박영효와 대담함.

1902년 9월~1910년 3월

국내외 정세

1906년
- 2월 1일 일본, 통감부를 설치함.
- 2월 9일 일본 헌병사령부, 한국 행정·사법·경찰권을 장악함.
- 3월 1일 초대 통감으로 이등박문(伊藤博文)이 부임함.
- 3월 전국에서 항일의병무장투쟁 봉기가 다시 확산됨.
- 6월 4일 최익현·임병찬 등이 태인에서 의병을 일으킴.
- 6월 일본, 러시아로부터 50도 이남의 사할린을 할양받음.
- 10월 이갑 등, 서우학회(西友學會)를 조직함.
- 12월 인도국민회의, 4결의(국산품 애용 등)를 채택함.

1907년
- 1월 서상돈·김광제 등, 국채보상운동을 시작함.
- 2월 16일 미국 상원, 신이민법안을 의결함.
- 3월 22일 간디(Gandhi)가 불복종운동을 시작함.
- 4월 22일 고종, 헤이그 만국평화회의에 이준·이상설·이위종을 밀사로 파견함.
- 6월 15일 네달란드 헤이그 제2회 세계평화외의가 개최됨.
- 7월 14일 헤이그에서 제2회 만국평화회의를 개최됨. 이준 열사가 순국함.
- 7월 18일 고종이 양위하고 20일 순종이 즉위함.
- 7월 24얄 한일신협약(정미7조약) 조인, 일제가 차관통치를 시작함.

2장 대한 민국운동의 선구자 -공립협회와 신민회 운동-

도산연보

- 2월 20일 동경에서 출발하여 제물포항에 도착함.
- 2월 22일 서울에서 대한매일신보사 양기탁을 방문하여 미주 공립학교의 국채보상금을 기부하고 비밀결사 '신민회'의 창립을 제안함.
- 2월 황성신문사를 방문함.
- 3월 상순 서북지방을 순시하던 중 선천에서 올드랭 사인 곡에 '동해물과 백두산이…'를 붙여 애국찬가(애국가 원작)을 착상하고 평양에서 작사함.
- 3월 상순 평양과 서울 등 여러 학교에서 애국 연설을 함.
- 3월 20일 서울 서서만리현 의무균명학교에서 <배기창가례>拜旗唱歌禮를 실시하며 애국가를 보급하기 시작함.
- 4월 15일(추정) 서울 상동교회에서 양기탁·전덕기·이동휘·이동녕·이갑·유동열 등과 함께 국권회복운동 비밀결사 신민회(新民會, New Korea Society) 발기함.
- 5월 12일 서울 삼선평(三仙坪)에서 당시의 위급한 국제정세를 설명하고 우리역사 최초로 독립전쟁 준비와 국민주권을 역설하는 강연을 함.
- 5월 18~26일 일본 동경에 가서 태국학회 회원들과 민족운동의 전도를 의논함.
- 5~6월 간 안중근과 수 차례 면담하고 교분을 가짐
- 8월 1일 정미7조약 후 해산 군인의 항일 격전장에서 부상한 군인의 구호 활동을 전개함. 세브란스병원 의사인 김필순 및 안중근 등과 함께 부상당한 군인들에 대한 구호 활동을 함.
- 10월 미주에서 귀국한 이강과 함께 원동 사업에 관한 계획을 의논함.
- 11월 17일 통감 이등박문의 요청으로 회견함. 그외 청년 내각

1902년 9월~1910년 3월

국내외 정세

- 7월 30일 러시아·일본, 중국 영토 보전에 관한 협정에 조인함.
- 7월 31일 대한제국 군대가 강제 해산됨.
- 8월 전국에서 항일의병이 봉기함.
- 11일 중국혁명동맹회, 관서성에서 봉기했으나 실패함.
- 12월 6일 허위·이강년·이인영 등이 양주에서 13도창의군을 결성함.
- 12월 24일 이승훈, 정주에 오산학교(五山學校)를 설립함.

2장 대한 민국운동의 선구자 -공립협회와 신민회 운동-

도산연보

제의를 일축하고, 애국자 탄압과 제도에 대해 비판함으로써 이동휘 강윤희의 석방을 압박함.
- 12월 30일 다시 일본 동경에 가서 유학생계를 시찰함.

1908년
30세
- 1월 11일 서우학회와 한북학회를 통합하여 서북학회(西北學會)를 창립하고 창립 개회식에서 〈정신적 단합과 복종주의와 각진기력(各盡其力)〉을 요지로 연설함. 이동휘·박은식·이갑·유동열·최재학 등과 함께 관서 지방 출신 청년지사들을 통합, 국권을 회복하여 입헌공화국을 수립하고자 함. 《서북학회 월보》 발간, 순회강연, 각종 강습회 등 계몽운동을 실시하며 인재를 양성함.
- 2월 8일 대한협회(大韓協會) 정기총회에서 〈우리 대한의 앞날은 어떠한가?〉란 주제로 4시간 가까이 연설하고 심주가(心舟歌)를 부름.
- 2월 15일 대한협회 주최의 4시간에 가까운 대강연회에서 강연함. 이 강연회에서 여운형 여운홍 형제가 큰 감명을 받아 앞으로 나라를 위해 죽기를 다 하겠다고 결심함.
- 5월, 8월 평양과 서울에 태극서관(太極書館)을 설립함. 이승훈이 소유주를, 안태국은 운영 책임을 맡음.
- 7월 26일 보성전문학교 동지친목회, 유길준·장박·안창호·이동휘·민영휘·권동진·현채·김종한의 10인 중에서 도산을 고문으로 선정함.
- 9월 26일 평양 설암리에 대성학교(大成學校) 설립. 이날 개교식에는 1천여 명의 내빈과 입학 학생 90여 명이 참석, 교장에 윤치호를 초빙하고 도산은 대판(代辦) 교장에 취임함. 평양의 김진후(3천 원), 선천의 오치은(2천 원) 등이 후원함.

1902년 9월~1910년 3월

국내외 정세

1908년
- 1월 19일 정영택·지석영 등이 기호흥학회를 설립함.
- 2월 26일 최봉준, 블라디보스토크에서 《해조신문(海潮新聞)》을 창간함.
- 2월 일본, 미국과 이민에 관한 신사협정을 체결함.
- 3월 23일 전명운·장인환, 미국 샌프란시스코에서 친일파 스티븐스(Stevens)를 저격함.
- 4월 29일 청국 중국혁명동맹회, 하구(河口)에서 봉기함.
- 7월 24일 터키, 청년투르크당 혁명이 일어남.
- 8월 26일 통감부, 대한제국 학부의 이름으로 사립학교령을 공포함.
- 8월 26일 공립협회, 클레어몬트에 중앙총회 학무부 담당의 공립학교인 학생양성소를 출범함.
- 11월 5일 청국, 서태후(西太后)가 사망함.
- 11월 18일 블라디보스토크에서 이강 등이 한인 교포와 함께 《대동공보(大東共報)》를 창간하고 격주간으로 발간함.
- 12월 28일 한성에 동양척식회사가 설립됨.
- 신채호,《독사신론(讀史新論)》과 《성웅 이순신(聖雄李舜臣)》을 저술함.

49

2장 대한 민국운동의 선구자 -공립협회와 신민회 운동-

도산연보

- 9월 민족 산업을 진흥하기 위하여 신민회를 통해 평양자기산업주식회사를 설립함.
- 10월 21일 원동에 독립운동기지를 개척하기 31명으로 아세아실업주식회사(亞細亞實業株式會社) 발기, 자본금 2만 불로 총 8백주를 발행함. 본사를 블라디보스토크에 둠.
- 11월 1일 최남선을 통해 월간지《소년(少年)》 잡지를 발간함. 《소년》은 신민회 기관지에서 청년학우회 기관지로 전환됨.
- 11월 2일 서북학회가 서울 낙원동에 395평 규모의 현대식 3층 건물로 회관을 건립함. 안창호·박은식·이갑·이동휘 등 33명의 공동 소유로 서울 낙원동 282번지에 회관을 건립함. 이 건물에서 단국대와 건국대가 태동됨.
- 서울과 각 지방을 순행하면서 애국계몽 연설을 함.
- 전국의 사립학교 설립운동과 신교육 구국운동을 지도함.

1909년
31세

- 2월 3일 융희황제의 서도 순행중(1월 27일 서울 출발)에 대성학교 학생들에게 일장기를 들고 나가는 것을 거부하도록 지시함.
- 5월 5일 대한매일신보사 총사장 베텔 추도회를 열고 양기탁과 함께 추도 연설을 함.
- 7월 평양에 태극서관(太極書館)을 설립. 책임자로 이승훈·안태국이 취임함.
- 8월 17일 신민회의 청년회 조직인 청년학우회(靑年學友會)를 창립함. 국내 최초의 청년 조직으로 청년운동을 전개함.
- 10월 31일 안중근 의거 배후 혐의로 평양 대성학교에서 피체되어 서울 용산 헌병대에 수감되어 취조 받은 후 영등포 감옥에 수감됨.

1902년 9월~1910년 3월

국내외 정세

1909년
- 1월 1일 나철(羅喆), 대종교(大倧敎)를 창시함.
- 1월 9일 콜롬비아, 미국과 상호협약을 체결. 파나마의 독립을 승인함.
- 2월 1일 공립협회와 한인합성협회(하와이), 국민회로 통합함.
- 2월 10일 국민회, 기관지 《신한민보(新韓民報)》를 창립함.
- 3월 1일 북미 국민회가 블라디보스토크에 태동실업주식회사를 발기함. 시베리아 지방에 독립운동 기지 설립을 위해 자본금 총액 5만 달러, 미주 50달러씩 1천주 모금 운동 전개함.
- 3월 4일 민적법(民籍法)을 공포함.
- 3월 24일 국민회, '국민회 장정'을 발표하고 해외 한인을 지도할 중앙총회를 조직을 준비함(초대 임시중앙총회장 최정익).
- 4월 국민회 미주 북미지방총회와 하와이 지방총회 공동 결의로

2장 대한 민국운동의 선구자 -공립협회와 신민회 운동-

도산연보

- 12월 2일 일본 경시(警視)가 보고한 제5차 심문 조서에서 안중근이 도산에 대해 "안창호는 웅변의 대가로서 교육 발달을 도모하여 국가의 기초를 견고하게 하며, 미국의 부림을 받는 자는 절대로 아니다"는 등의 진술을 함.
- 12월 31일 수감 2개월 만에 영등포 감옥에서 석방됨.

1910년
32세

- 1월 9일 용산 일본 헌병대에 다시 일제 헌병대에 구금되었다가 2월 22일 석방됨.
- 3월 10일 신민회, 긴급 간부회의를 열고 '독립전쟁 전략'을 국권 회복 최고의 전략으로 채택하고, 국외에 독립군 기지와 그 핵심체로 무관학교를 설립할 것을 설정함. 국외로 망명할 간부로 안창호·이갑·이동녕·이동휘·이회영·유동열·이종호·신채호·조성환·최석하 등이 선정됨.

국내외 정세

국민회 총회장 정재관과 이상설을 국민회 원동지방 전권위원으로 임명, 7월14일 블라디보스토크에 도착함.
- 5월 1일 영국인 베델 사망. 양화진 외국인 묘지에 안장됨.
- 7월 12일 페르시아, 력명군이 테헤란을 점령. 입헌군주제를 시행함.
- 8월 22일 일본에 합병하는 조약이 강제로 체결됨.
- 9월 4일 청·일간 간도협약(間島協約)이 조인됨. 간도(間島)와 안봉선(安奉線) 철도 교환이 시작됨.
- 10월 26일 안중근, 중국 하얼빈에서 이등박문(伊藤博文) 전 통감을 사살함.
- 10월 통감부, 범죄즉결령 재판소·감옥 설치를 공포함.
- 12월 4일 일진회(一進會), 일본과의 합방 요구 성명서를 발표함.
- 12월 22일 이재명, 명동성당 앞에서 이완용을 습격했으나 미수에 그침.

1910년
- 1월 대한협회 등 국민대회 연설회를 개최하여 '일제합방' 반대를 선언함.
- 2월 10일 미주 국민회와 대동보국회가 대한인국민회(대한인국민회)로 통합, 해외 한인의 최고기관이 됨.
- 2월 12일 청 중국혁명동맹회, 광동 신군(新軍)을 중심으로 봉기함.
- 3월 26일 안중근 의사, 중국 여순 감옥에서 순국함.
- 3월 총독부, 조선토지조사사업을 시작함(~1918).

2장 대한 민국운동의 선구자 -공립협회와 신민회 운동-

미국 유학 시절의 안창호

1902년 9월~1910년 3월

공립협회 총회장 당시의 안창호

2장 대한 민국운동의 선구자 -공립협회와 신민회 운동-

미국 유학 초기의 청년 도산(1906)

초기 미주에 유학했을 당시의 도산

1902년 9월~1910년 3월

공립협회 창립 회원

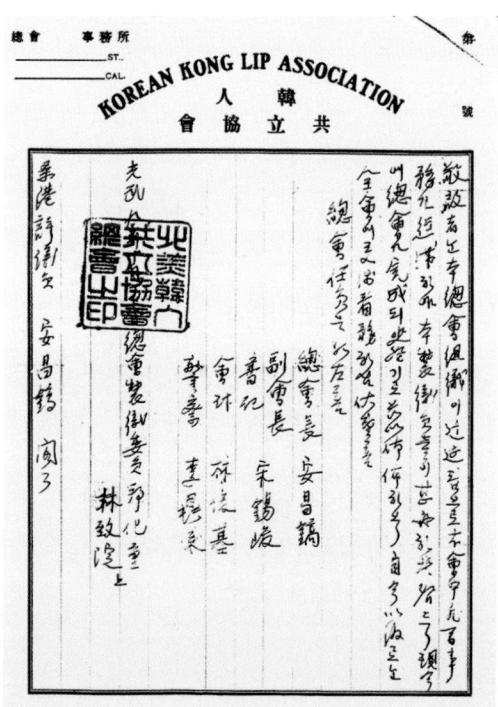

공립협회 총회 임원 공시 문서(1905)

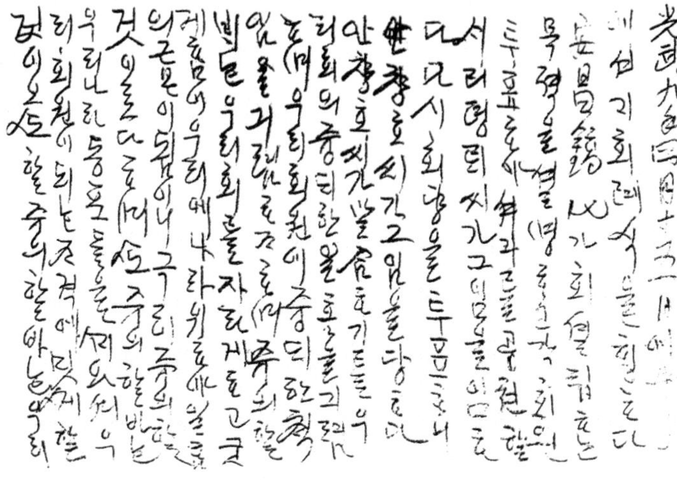

2장 대한 민국운동의 선구자 -공립협회와 신민회 운동-

공립협회 창립대회 회의록(1905)

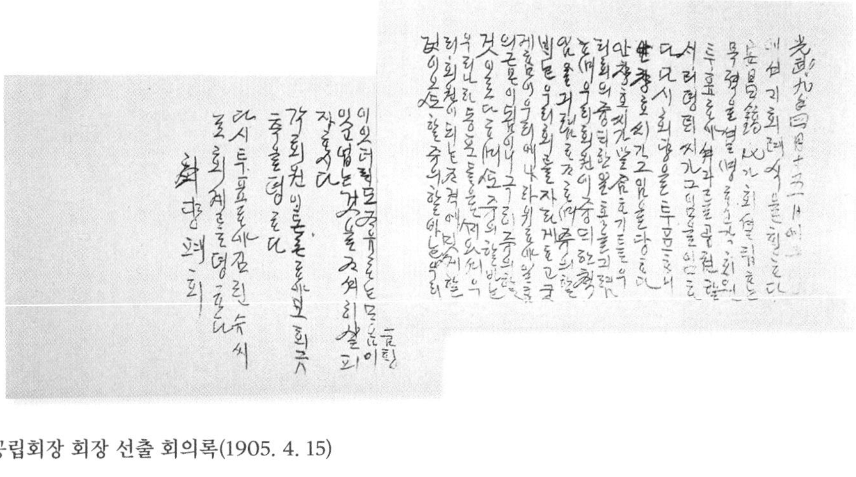

공립회장 회장 선출 회의록(1905. 4. 15)

1902년 9월~1910년 3월

공립협회 총회장 당시의 안창호와 정원명(1906)

2장 대한 민국운동의 선구자 -공립협회와 신민회 운동-

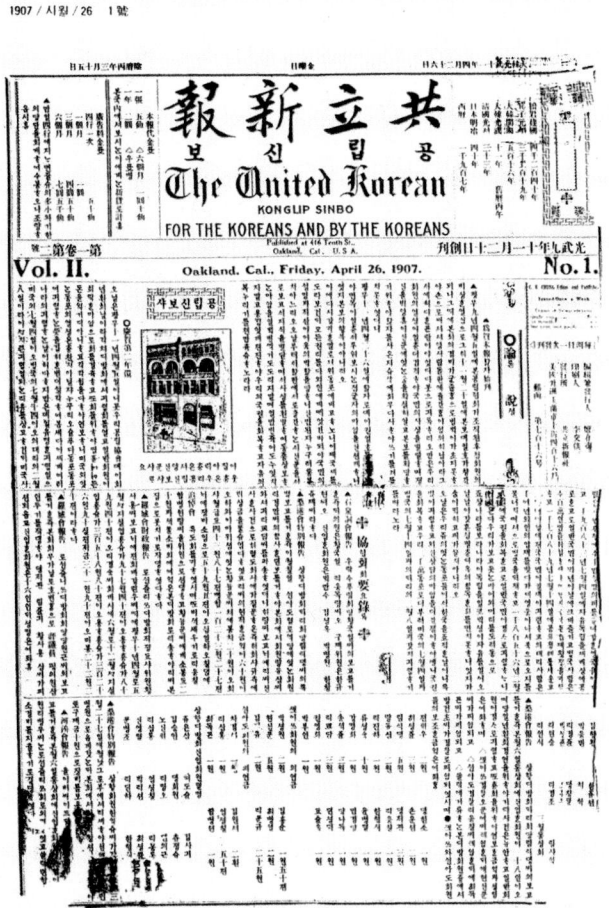

공립협회 기관지 공립신보(1907)

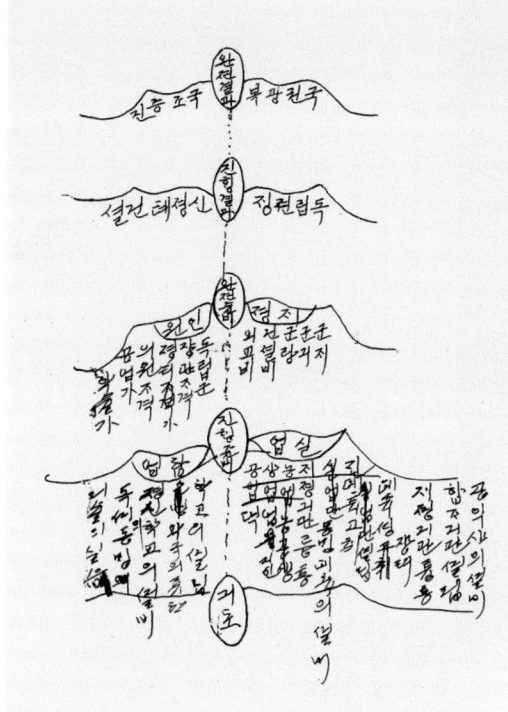

도산이 귀국을 결심하면서 작성한 민족혁명구상도 초안

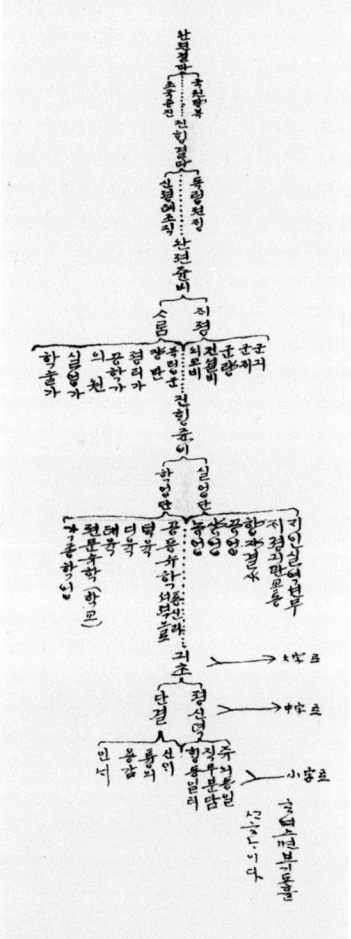

1906년 말 도산이 28세 때 확정한 민족혁명구상도

2장 대한 민국운동의 선구자 -공립협회와 신민회 운동-

신민회 주역 중의 한 사람인 양기탁

안창호와 태극학회 총무 김지간

1902년 9월~1910년 3월

신민회 기관지 역할을 한 대한매일신보

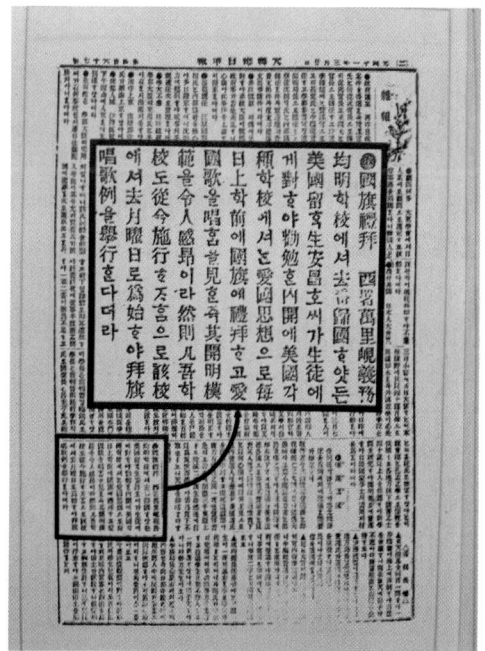

도산이 서서만리현 의무균명학교에서 매일 상학 전에 배기창가례를 행한 사실을 대한매일신보가 보도하였다.(1907.3.20)

2장 대한 민국운동의 선구자 -공립협회와 신민회 운동-

상동교회 담임목사 전덕기

민족운동의 요람지 상동교회(1907 경)

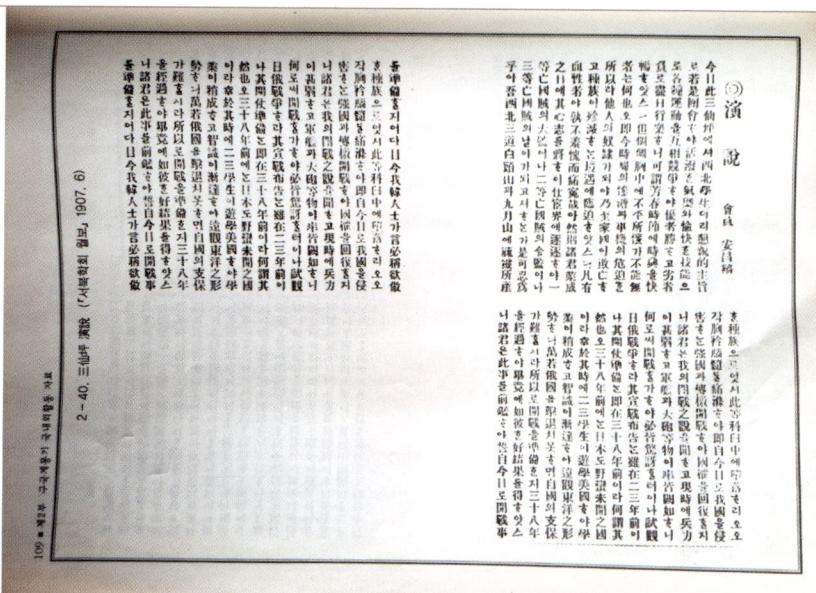

삼선평 연설, 서북학회 월보 보도(1907.5.12.)

삼선평 연설, 서북학회 월보 보도(1907.5.12.)

2장 대한 민국운동의 선구자 -공립협회와 신민회 운동-

대한협회 창립 기념

▲안씨단심가 거토요일에대한 협회 총회에셔 우리 한국의 압길이 엇더 훈문뎨로 안창호씨ㄱ三시ㄱ고. 十분동안을 연셜ㅎ얏는듸 듯는쟈 구여인이 박슈갈치ㅎ야 스며 연셜을 필훈후에 단심가 훈쟝을 노리ㅎ야 동포를 경셩ㅎ얏스니 그 노리에 왈

어야지야 어가쟈
모든 풍파 무릅쓰고
문명게와 독립계로
어셔 쌜리 나아 가쟈

멸망파에 든쟈들아
길이 멀다 한탄말고
실힝 돗슬 놉히 달아
희망긔를 굿히 솟고

부는 바람 자기젼에
어야 지야 어셔 가쟈

도산이 대한협회 총회 연설후 부른 단심가

1902년 9월~1910년 3월

서북학회에서 설립한 서북학교 졸업식(1910.3)

서북학회 기관지에 실린 도산의 연설문(1908)

2장 대한 민국운동의 선구자 -공립협회와 신민회 운동-

신민회 동지 남강 이승훈

대성학교 모표(1908)

1902년 9월~1910년 3월

대성학교 학생과 교사(1908 경), 신민회 교육사업의 일환으로 평양에서 설립된 대성학교는
근대한국 교육사에 큰 영향을 끼쳤다. 안창호는 교장대리였으나 실질적인 학교 운영자였다.

2장 대한 민국운동의 선구자 -공립협회와 신민회 운동-

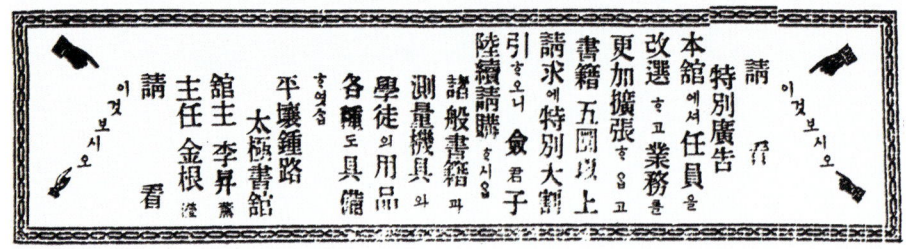

대한매일신보에 게재된 태극서관 광고

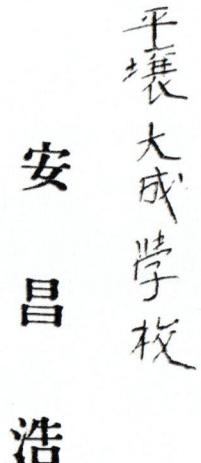

평양대성학교 시절 도산의 명함

청년학우회 기관지 소년

2장 대한 민국운동의 선구자 -공립협회와 신민회 운동-

공립협회 임원 이강

태동실업주식회사 주식(1910)

대성학교 폐교설 보도(대한매일신보, 1909)

1902년 9월~1910년 3월

전명운(좌)과 장인환(우) 의사(1908 경)

신민회 시절 도산과 의형제를 맺은 김필순 가족과 한말 군인

2장 대한 민국운동의 선구자 -공립협회와 신민회 운동-

2-34 여순감옥에 수감된 안중근 의사

안중근 의사의 의거 현장(1909.10)

1902년 9월~1910년 3월

국민회 제1차 이사회 앞줄 왼쪽부터 황사용·정재관·이상설·최정익, 뒷줄 3번째 김종림·송종익

국민회 제1차 이사회 국민회 하와이지방총회 창립회원(1909, 건원절), 앞줄 왼쪽부터 박상하·정원명(초대 회장)·강영소, 뒷줄 만원규·홍종표(홍언)·이내수(부회장)·승용환·미상

제3장

무형의 대한민국 최고지도자
-대한인국민회-

1910년 4월~1919년 3월

리버사이드 오렌지 농장의 다국적 노동자들과 함께(1912)

3장 무형의 대한민국 최고지도자 -대한인국민회-

도산연보

1910년
32세

- 4월 7일 신채호·김지간·정영도 등 4명이 함께 국외로 망명하기 위해 서상륜의 풍범선(風帆船)을 타고 행주를 출발, 인천을 경유하여 황해도 장연군 송탄에 도착. 신채호와 김지간은 송탄에서 육로로 중국으로 향함.
- 4월 14일 서상륜의 집에서 일주일 정도 머무른 후 14일 정영도와 함께 중국인 범선(소금상선)을 타고 출발, 27일 중국 위해위를 거쳐 29일 연태로 도착함.
- 4월 29일 연태(煙台)에서 배를 갈아타고 천진(天津) 도착, 5월 초순 북경(北京)을 거쳐 청도(靑島)에 도착함.
- 5월 초 정영도와 함께 북경을 떠나 청도에 도착함.
- 5월 12일 조국을 떠나 기약 없이 망명의 길을 떠나는 심경을 지은 〈거국가(去國歌)〉(이상준 곡)가 《대한매일신보》에 개재됨.
- 5월초~6월중순 청도 메트로폴호텔에서 안창호·이갑·유동열·신채호·김희선·이종호·이종만·김지간·조성환·박영로·이강·정영도 등 12인의 간부들이 비밀회담(청도회담)를 개최함. 언론 투쟁사업이 불가하여 만주에 독립군 근거지와 무관학교 설립을 위하기로 결의함.
- 7월 10일 상해에서 블라디보스토크로 향했으나 배를 잘못 타서 양자강 근처 오송 등대에서 하선해 다시 연태로 감.
- 8월 3일 연태를 떠나 청도로 가서 15일 청도를 출발함.
- 8월 24일 블라디보스토크 도착, 이강·김성무·전명운 등을 만나 한인사회의 정황을 파악하고, 일제의 한국 '병탄' 소식을 듣고 통곡함. 이후 재러 한인들을 대상으로 민족운동을 전개함.

국내외 정세

1910년
- 4월   이시영·이동녕·양기탁 등, 서간도에 경학사(耕學社)와 신흥강습소(新興講習所)를 설치함.
- 5월 10일   국민회가 대동보국회를 흡수 통합하여 대한인국민회로 공식 출범하고 헌장을 제정, 공포함.
- 5월 31일   영국령 남아프리카연방이 성립됨.
- 6월 21일   블라디보스토크에서 이상설이 국내외의 의병을 통합하여 항일운동을 수행하고자 유인석·이범윤 등과 연해주 방면에 모인 의병을 규합하여 대한13도의군을 조직함.
- 6월   통감부, 헌병경찰제 실시를 공포함.
- 8월 22일   일본과 합병하는 조약을 강제로 체결함.
- 8월 29일   일본에게 국권이 불법 피탈됨(庚戌國恥).
- 9월 21일, 10월 5일   대한인국민회가 《신한민보》를 통해 국가와 국민을 대표하는 총 기관인 임시정부로 하고 삼권분립에 의한 자치제도 실시를 주창함.
- 9월 29일   조선총독부 및 중추원 관제를 공포함.
- 10월 1일   초대 총독 데라우치가 임명됨.
- 10월 5일   포르투갈, 혁명이 일어나 공화국을 선언함.
- 10월 31일   경원선(京元線) 철도를 착공함.
- 11월 10일   영국·미국·프랑스·독일 4개국 차관단, 청국의 철도 투자에 평등참가 협정을 체결함.
- 12월   안명근이 서간도 무관학교를 설립하여 군자금을 모집하다가 황해도 신천 지방에서 검거됨.
- 12월   총독부 범죄즉결령 공포(헌병 경찰에게 즉결권 부여)
- 12월   최남선·박은식, 조선광문회를 조직함.

3장 무형의 대한민국 최고지도자 -대한인국민회-

도산연보

- 북만주 밀산현(密山縣)으로 출발하기 전에 이종호가 독립군 근거지 무관학교 건립 자금을 내놓지 않고 블라디보스토크에서 사업을 하겠다고 하여 계획이 차질됨.
- 10월 24일 블라디보스토크를 출발, 치타에 도착하여 독립군 기지 개척 후보지를 물색함.
- 11월 6일 연해주에 있던 이갑·이상설 등과 회견, 한국의 독립 회복을 위하여 진력할 것을 약정함.
- 12월 18일 시베리아 국민회 지방회와 재러 청년회원들과 함께 자선공제회(慈善共濟會) 창립위원회를 개최함.
- 12월 니콜리스크에서 국민회 확장 및 기독교 전도활동, 신문 재발행 등을 위해 러시아 당국에 출원할 것을 결의함.
- 12월 25일 블라디보스토크 신한민촌에서 이재명 의사 추도회를 개최함.
- 12월 니콜리스크 최환홀 목사를 방문, 국민회 확장과 기독교 전도 활동을 전재함.

1911년
33세
- 1월 2일 러시아 춘남리, 블라디보스토크, 니콜리스크 등의 애국지사와 만나 국민회 지회와 한교 설립에 대해 의논하고 계몽연설을 함.
- 2월 7일 안정근·장경을 대동하고 국민회의 밀산 지역의 개척지를 돌아봄. 블라디보스토크로 돌아와 《대동공보》 재간행을 지지 성원함.
- 3월 6일 블라디보스토크 청년단체 대표들과 회합, 이주 한인의 러시아 국적 취득을 주선함.
- 5월~ 치타에서 이강·정재관과 함께 국민회 시베리아 총회 설치, 신한촌 건설을 지도함. 이후 북만주 목릉(穆陵), 이르크츠크를

1910년 4월~1919년 3월

국내외 정세

- 12월 이회영·이시영 등 6형제, 가산을 정리하고 서간도로 이주함.

1911년
- 1월 대한협회 등 국민대회 연설회를 개최하여 '일제합방' 반대를 선언함.
- 2월 10일 미주 국민회와 대동보국회가 대한인국민회(대한인국민회)로 통합, 해외 한인의 최고기관이 됨.
- 2월 12일 청 중국혁명동맹회, 광동 신군(新軍)을 중심으로 봉기함.
- 3월 26일 안중근 의사, 중국 여순 감옥에서 순국함.
- 3월 총독부, 조선토지조사사업을 시작함(~1918).
- 4월 이시영·이동녕·양기탁 등, 서간도에 경학사(耕學社)와 신흥강습소(新興講習所)를 설치함.
- 5월 10일 국민회가 대동보국회를 흡수 통합하여 대한인국민회로 공식 출범하고 헌장을 제정, 공포함.
- 5월 31일 영국령 남아프리카연방이 성립됨.
- 6월 21일 블라디보스토크에서 이상설이 국내외의 의병을 통합

3장 무형의 대한민국 최고지도자 -대한인국민회-

도산연보

- 경유하여 페테스부르그에서 이갑과 상면하고 베를린에 도착함.
- 7월 29일 서베를린에서 건강 검진을 받음.
- 8월 15일 런던에 도착함.
- 8월 26일 글래스고에서 뉴욕으로 출발함.
- 9월 2일 뉴욕항에 도착, 이튿날 오후 8시 뉴욕항에 상륙함.
- 9월 26일 시카고, 세크라멘토를 거쳐 9월 28일 오후 7시경 샌프란시스코 도착함. 동포들의 환영식상에서 연설, 리버사이드에서 가족과 상봉함.
- 10월 13일 로스앤젤레스에서 대한인국민회 북미 나성지회가 개최한 환영회에 참석함.
- 10월 18일 정영도와 함께 클레어몬트 방문, 학생양상소의 2층 건문 낙성식을 거행함.
- 10월 로스앤젤레스에서 이갑의 치료와 미주 도항 경비를 벌기 위해 공사장에서 노동자로 취업함.
- 11월 샌프란시스코·스탁턴 등 한인 사회를 순회함.
- 11월23일~12월4일 대한인국민회 북미지방총회 상항지방회 대의원으로서 강번과 함께 총회세칙기초위원으로 선임됨.

1912년
34세
- 1월 29일 북미실업주식회사를 발기함. 발기인은 안창호·김인수·송종익·김종혁·조성환·김기만·정원도·임준기·손양선·강번 등 10인이며 농업에 투자하여 발생하는 수익금으로 독립운동에 기여할 목적으로 시작함.
- 1월 북미지방총회 순행위원 만주지방총회 대표원으로 계속 선

국내외 정세

하여 항일운동을 수행하고자 유인석·이범윤 등과 연해주 방면에 모인 의병을 규합하여 대한13도의군을 조직함.
- 6월 통감부, 헌병경찰제 실시를 공포함.
- 8월 22일 일본과 합병하는 조약을 강제로 체결함.
- 8월 29일 일본에게 국권이 불법 피탈됨(庚戌國恥).
- 9월 21일, 10월 5일 대한인국민회가 《신한민보》를 통해 국가와 국민을 대표하는 총 기관인 임시정부로 하고 삼권분립에 의한 자치제도 실시를 주창함.
- 9월 29일 조선총독부 및 중추원 관제를 공포함.
- 10월 1일 초대 총독 데라우치가 임명됨.
- 10월 5일 포르투갈, 혁명이 일어나 공화국을 선언함.
- 10월 31일 경원선(京元線) 철도를 착공함.
- 11월 10일 영국·미국·프랑스·독일 4개국 차관단, 청국의 철도 투자에 평등참가 협정을 체결함.
- 12월 안명근이 서간도 무관학교를 설립하여 군자금을 모집하다가 황해도 신천 지방에서 검거됨.
- 12월 총독부 범죄즉결령 공포(헌병 경찰에게 즉결권 부여)
- 12월 최남선·박은식, 조선광문회를 조직함.
- 12월 이회영·이시영 등 6형제, 가산을 정리하고 서간도로 이주함.

1912년
- 1월 1일 표준시를 일본의 시간에 맞추어 오전 11시 30분을 정오로 함.
- 1월 1일 청국 손문, 남경에서 임시대통령에 취임함. 중화민국 정부 성립, 공화제 국가를 선언함.
- 1월 2일 러시아 치타에서 대한인국민회 시베리아지방총회가

3장 무형의 대한민국 최고지도자 -대한인국민회-

도산연보

임됨.
- 7월 5일 차남 필선(必鮮)이 리버사이드(1532 Pachappa Ave.)에서 출생함.
- 10월 북미실업주식회사가 자본총액 4만 4천 달러, 주식 150주, 주당 300달러, 3년으로 분배로 주식의 모집을 시작함.
- 11월 8~20일 샌프란시스코에서 대한인국민회의 북미·하와이·시베리아·만주리아 등 4개 지방총회 대표가 모여 '대한인국민회 중앙총회'를 확대 조직함. 도산은 만주리아 대표 대리로 참석하여 이 회의를 주도함.
- 11월 대한인국민회 중앙총회 대표원회의에서 박용만 박상하와 함께 헌장수정위원에 선임됨.
- 12월 대한인국민회 제2대 중앙총회장 선거에서 하와이 대표 윤병구에게 3:2로 패함(12월 9일 《신한민보》가 보도).
- 연말 하상옥·강영소·정원도 등과 흥사단을 조직하기 위한 준비모임을 위해 동맹수련을 시작함.

1913년
35세
- 1월 23일 대한인국민회 중앙총회장 선임 위임장을 받음.
- 1월 대한인국민회 중앙총회 사무소를 샌프란시스코에서 로스앤젤레스로 옮김.
- 5월 12일 《신한민보》가 재정 곤란으로 정간되자 한인 예배당에서 〈재미 한인의 책임〉이라는 주제로 연설을 함. 《신한민보》, 6개월 만에 재발간됨.
- 5월 13일 샌프란시스코 강영소의 집(1914 Lyon St.)에서 도산 등 6명이 이대위 목사의 집례로 흥사단(興士團)을 발기함. 국권

1910년 4월~1919년 3월

국내외 정세

　　　기관지 《대한인정교보》를 발간함.
- 2월 12일 청국 선통제 퇴위, 청국이 멸망함.
- 2월 15일 대한인국민회, 대표원회의에서 만주지방총회 시베리아지방총회를 인준함.
- 4월 14일 영국의 호화여객선 타이타닉호가 침몰됨.
- 4월 30일 블라디보스토크에서 《권업신문(勸業新聞)》이 창간됨. 주필 신채호.
- 7월 30일 일본, 명치(明治, 메이지) 국왕 사망, 대정(大正, 다이쇼) 국왕이 즉위함.
- 5월 총독부 소속 모든 문관에게 군복 대검 착용을 명령함.
- 7월 4일 신규식·박은식 등, 상해에서 단체 동제사(同濟社)를 조직함.
- 8월 14일 총포화약류취체령을 공포함.
- 9월 28일 신민회 사건 피의자 105인이 모두 유죄 판결을 받음.
- 10월 17일 제1차 발칸전쟁이 발발함.
- 11월 20일 대한인국민회 〈중앙총회 결성 선언문〉 발표
- 이상룡, 서간도에서 부민단(扶民團)을 조직함.

1913년
- 1월 10일 티베트, 몽고와 동맹조약을 체결하고 독립을 선언함.
- 2월 이승만, 호놀룰루에서 감리교 한국인 기숙사의 교장을 맡음.
- 5월 이태리, 3국동맹에서 탈퇴를 선언함.
- 6월 4일 박용만 등, 미국 네브라스카주에서 한국인 최초로 유학생회를 조직함.
- 6월 29일 제2차 발칸전쟁이 발발함.
- 6월 27일 리버사이드 한인 11명이 헤미트 지방의 영국인 살구

3장 무형의 대한민국 최고지도자 -대한인국민회-

도산연보

회복을 위한 인재양성을 목적으로 청년학우회를 계승함.
- 7월 2일 대한인국민회, 미 국무성으로부터 '재미 한인에 관한 것은 일본 관리를 통하지 않고 직접 한인과 교섭한다'는 약속을 받아냄.
- 7월 2일 대한인국민회 부설로 클레어몬트 학생양성소를 재창립함.
- 10월 샌프란시스코 및 새크라멘트 동포를 심방함.
- 12월 20일 로스앤젤레스에서 흥사단 창립준비대회 개최, 창립위원장 홍언 선출, 8도 대표 7인을 선정. 충청도 대표는 1914년 7월에 영입함.
- 12월 무렵 만주 밀산현 봉밀산자에 이승희와 이상설의 후원으로 소규모의 밀산무관학교를 설립함(교장 이갑).
- 초기 흥사단 단소를 로스앤젤레스 벙커힐(Bunker Hill)에 둠.

1914년
36세
- 4월 6일 대한인국민회 북미지방총회, 캘리포니아 주정부로부터 정식 사단법인 인가를 받음.
- 4월 윤병구 사면을 요청, 사임함. 부회장 황사용이 대리함.
- 6월 대한인국민회 중앙총회 본부, 페리가(232 Perry St. Ssn Francisco. Cal.)에서 데이빗 휴 빌딩(1521 Savd Hews Building 995 Mark St,)으로 이전함.
- 7월 대한인국민회, 만주리아 지방총회를 폐지함.
- 7월~8월 로스앤젤레스로부터 샌프란시스코에 도착하여 캘리포니아주 일대 한인사회를 심방하며 한인예배당에서 강연을 함.
- 8월 24일 로스앤젤레스에서 흥사단 영문명칭을 'Young Kdrean Academy'로 일치, 승낙 받았으니 모든 통신지에 그대

국내외 정세

1910년 4월~1919년 3월

농장에서 그곳 주민에게 축출당하는 사건이 발생함.
- 7월 2일 대한인국민회 중앙총회, 미국 브라이언 국무장관으로부터 "앞으로 재미 한인에 관계되는 일은 일본 정부나 일본 관리를 통하지 않고 직접 한인 사회와 교섭할 것이다"라는 공문을 받음.
- 7월 12일 중국, 제2차 혁명이 일어남. 8월에 손문과 황흥(黃興)이 혁명 실패로 일본에 망명함.
- 9월 20일 이승만, 하와이에서 《월간 태평양잡지》를 발간함.
- 10월 중국 원세개, 남경 점령 후 중화민국 대통령에 취임함.
- 11월 이동휘, 간도에 항일단체 한교동사회(韓僑董社會)를 조직함.

1914년
- 2월 이승만, 호놀룰루에서 감리교 한국인 기숙사의 교장을 맡음.
- 3월 14일 북간도의 한인 사회 조직 간민회가 해산당함.
- 3월 이화학당, 제1회 대학과정 졸업식을 거행함.
- 5월 이태리, 3국동맹 탈퇴를 선언함.
- 7월 8일 손문, 일본 동경에서 중화혁명당을 결성함.
- 7월 28일 오스트리아, 세르비아에 선전포고를 함으로써 제1차 세계대전 발발함.
- 8월 16일 경원선 철도가 완공됨.
- 8월 15일 파나마 운하가 개통됨.
- 8월 29일 샌프란시스코에서 하와이 호놀룰루로 이주한 박용만이 대한인국민회 산하의 대조선국민군단을 창설함.

3장 무형의 대한민국 최고지도자 -대한인국민회-

도산연보

로 인쇄해도 좋겠다는 편지를 보냄.
- 12월 19일 클레어몬트 학생양성소에서 흥사단 제1회 남방대회를 개최함(대회장 안창호, 30명 참석).

1915년
37세
- 1월 16일 맏딸 수산(繡山)이 출생함.
- 2월 대한인국민회 중앙총회장에 선출됨(부회장에 박용만 선출).
- 4월 2일 대한인국민회 제3회 중앙총회장 역할을 수행함.
- 4월 14일 대한인국민회, 사무소를 휴우스빌딩에서 패시픽 빌딩(259 Pacific Building 821 Market St.)으로 이전함.
- 4월 22일 대한인국민회 중앙총회 대표원회의에서 중앙총회장에 선임되었음을 공포함.
- 6월 23일 대한인국민회 중앙총회장에 취임식을 거행함.
- 5월, 시베리아 지방총회를 폐지함.
- 8월 25일 샌프란시스코에서 박용만과 이승만의 분규를 중재하기 위해 하와이로 출발함.
- 8월 31일 하와이 호놀룰루에 상륙함. 9월 2, 3, 5일 교민회 및 대한인국민회의 환영회와 연설회에 참석하여 연설함.
- 9월 6일 와히아와섬 및 9월 8일 에와섬을 방문함.
- 9월 11일 오아후섬에 있는 대조선국민군단을 방문함.
- 9월 12일 박용만과 함께 와이아와, 에와 등지의 섬을 돌아봄.
- 9월 13일 하와이 교민들을 대상으로 애국사상과 민족주의 정신을 고취하는 연설을 함.
- 9월 18일 와하이와섬에서 지방연합회가 주최한 환영회에 참석하여 연설함.
- 10월 22~26일 마위섬을 방문하고, 11월 25일~12월 10일 하와

1910년 4월~1919년 3월

국내외 정세

- 9월 러시아, 일본의 요구로 블라디보스토크의 한국인을 추방하고 권업회 등 독립운동단체를 해산시킴.
- 10월 원세개, 남경점령후 중화민국 대통령 취임함.

1915년
- 1월 18일 일본, 중국에 21개조 요구를 제출함. 이에 대해 중국에서 2월, 학생의 반대운동이 일어나고 5월 9일 수락함.
- 2월 13일 신민회 사건으로 복역 중이던 양기탁·윤치호 등이 전원 가석방됨.
- 3월 25일 조선공립소학교 규칙을 개정 공포함.
- 3월 유동열·박은식·신규식·이상설 등, 상해에서 신한혁명당을 조직함.
- 4월 경신학교, 대학부를 설치함. 1923년에 연희전문으로 개칭함.
- 5월 23일 이태리 3국 동맹을 탈퇴하고 오스트리아에 선전포고함.
- 5월 하와이 동포사회가 이승만파와 박용만파로 분립됨.
- 5월 대한인국민회 시베리아지방총회가 해체됨.
- 6월 이동휘·이종호·장기영 등이 러시아 연해주와 중국 만주의 국경 지대 왕청현 나자구 대전자에 독립무관학교를 설립함.
- 7월 15일 대한광복단, 광복회로 개칭함.
- 12월 12일 중국 원세개, 황제에 추대됨.
- 12월 15일 이승만과 박용만의 분열로 하와이지방이 대한인국민회 중앙총회의 통제를 벗어남.
- 12월 24일 총독부, 조선광업령을 공포함.
- 12월 24일 총독부에서 사립학교에 일본 국가를 부를 것을 지시함.

3장 무형의 대한민국 최고지도자 -대한인국민회-

도산연보

이의 여러 섬을 순행함.
- 12월 15일   이승만과 박용만의 화해를 성공하지 못하고 하와이를 출발, 12월 21일 센프란시스코를 거쳐 12월 22일 로스앤젤레스에 도착함.
- 흥사단 단소를 로스앤젤레스 106 N. Figeroa St.의 미국인 2층 목조 건물로 옮김. 도산 가족은 1층에서 거주하고 2층을 흥사단 본부로 사용함.

1916년
38세
- 4월 27일   한인 2세들에게 국어·역사 교육을 위해 클레어몬트 학생양성소 유년학기 강습소 설치를 위한 발기회를 개최함.
- 6월 30일   로스앤젤레스지방회 졸업생 축하회 석상에서 '한인교육'을 주제로 연설함.
- 8월 29일   국치기념일에 로스앤젤레스 지방회 행사에서 '감격, 분격, 애통'이라는 주제로 연설함.
- 9월 28일   샌프란시스코에 도착, 동포를 심방함.
- 9월   북경에서 박용만·신숙·신채호·이회영·김갑·장건상·남공선 등 15명이 군사통일촉징회를 조직함.

1917년
39세
- 1월 10일   흥사단, 북미실업주식회사를 설립함. "해외에 거주하는 우리 대한 남녀노소가 크게 활동하여 거대한 자본을 세워 농공상 간에 가합한 것을 따라 실시하여 실업을 확장함"을 목적으로 함. 사장 임준기, 총무 송종익, 재무 정봉규. 로스앤젤레스 흥사단본부에 사무실을 둠,
- 5월 27일   차녀 수라(秀羅)가 출생함.
- 8월 25일   클레어몬트 학생양성소 내에 대한인 유년하기국어강

국내외 정세

- 12월 전국 호구조사 실시. 362만 7336호, 1595만 7630명으로 집계됨.

1916년
- 3월 26일 박중빈(朴重彬), 전북 익산에서 원불교를 창시함.
- 4월 24일 아일랜드, 반영 무장 봉기가 일어나 공화국을 선언함.
- 4월 25일 세브란스의학전문학교를 개교함.
- 6월 6일 중국, 원세개가 사망함.
- 9월 12일 대종교주 나철(羅喆), 일제 폭정을 통탄하고 자결함.
- 11월 5일 폴란드, 독립을 선언함.
- 11월 6일 멕시코 메리다지방에 한인 진성학교가 설립됨.

1917년
- 1월 1일 이광수, 《매일신보》에 장편소설 〈무정(無情)〉을 연재하기 시작함.
- 2월 3일 미국, 대(對) 독일 선전포고를 함.
- 3월 7일 중국이 간도의 한국인 거주권 및 토지소유권을 인정함.
- 3월 15일 러시아 2월혁명이 일어남, 로마노프 왕조가 붕괴됨.
- 6월 16일 러시아, 2월혁명이 일어남. 니콜라이 2세의 퇴위로 로마노프왕조가 붕괴됨.

3장 무형의 대한민국 최고지도자 -대한인국민회-

도산연보

습소를 개강함.
- 10월 12일 멕시코 농장에서 노동하는 한인의 생활상을 지도하기 위해 샌프란시스코항에서 황사용과 함께 멕시코 순방을 떠남.
- 10월 20일 멕시코 만사니오항에 도착, 기차로 멕시코시티로 이동함.
- 10월 26일 대한인국민회 중앙총회 및 북미지방총회 본부를 패시픽빌딩에서 마켓빌딩(149 Hewes Building)으로 이전함.
- 10월 27일 멕시코시티에 도착하여 동포들의 환영회 및 대연설회를 개최함. 멕시코 등지를 순회하며 한인사회를 통합하고, 멕시코 농장주들과 한인 노동자간의 새로운 계약 체결을 주도함.
- 10월 31일 베라크루스 항구로 출발함. 황사용과 헤어지고 현지 한인 청년의 안내를 받음.
- 11월 28일 메리다에 도착함.
- 12월 2일 대한인국민회 메리다지방회가 개최한 환영회에 참석함.
- 12월 11일 메리다를 출발함.
- 12월 18일 프론테라에 도착함.
- 12월 24일 프론테라에서 메리다로 출발함.

1918년
40세
- 1월 서재필·안창호·이승만 등, 미국 워싱턴에서 신한협회(新韓協會)를 조직함.
- 5월 26일 메리다에서 선편으로 베라크루스와 툭스판을 거쳐 탐피코로 향함.
- 6월 3일 탐피코에 도착하여 한인사회를 방문함.

1910년 4월~1919년 3월

국내외 정세

- 7월 16일 러시아, 상트페테르부르크에서 노동자 시위운동, 7월혁명이 일어남.
- 7월 17일 수리조합령을 공포함.
- 7월 29일 간도지방 한국인에 대한 경찰권이 일본관헌으로 이관됨.
- 7월 상해에서 신규식·박은식·신채호·박용만·윤세복·조소앙·신석우·한진교 등 14명이 임시정부 수립에 관한 대동단결선언을 발표함.
- 8월 신규식, 상해의 동제사(同濟社)를 조선사회당으로 개칭함.
- 9월 10일 손문, 광동군정부를 수립함.
- 10월 17일 한강인도교가 준공됨.
- 10월 29일 박용만, 뉴욕 세계 25개 약소민족회의에 한국 대표로 참석함.
- 11월 2일 영국, 팔레스타인 유태인에게 민족적 고향을 건설해 주기로 약속함(밸포어 선언).
- 11월 7일 러시아, 레닌이 10월혁명을 일으키고 소비에트정권을 수립함.
- 11월 20일 우크라이나인민공화국을 선언함.
- 12월 김립·문창범 등, 러시아에서 전로한민족회를 조직함.

1918년
- 1월 17일 고등고시령과 보통고시령을 공포함.
- 1월 18일 총독부에서 《조선어사전》을 편찬함.
- 1월 미국 대통령 윌슨 교서에서 14개조 강령 발표(민족자결 원칙 포함)함.
- 4월 이동휘 등 하바로프스크에서 한인사회당을 창립함.

3장 무형의 대한민국 최고지도자 -대한인국민회-

도산연보

- 6월 7일　탐피코에서 출발하여 몬테리에 도착함.
- 6월 15일　멕시코시티에 도착, 18일 출발함.
- 6월 29일　과달라하라 농장 토지의 형편을 살펴보고 미국 영사관에 입국 신청을 함.
- 7월 10일　과달라하라를 출발함.
- 7월 13일　마사틀란에 도착하여 10일간 체류하며 토지 형편을 조사함.
- 7월 23일　마사틀란을 출발하여 소로나의 주도 에로모시오에 도착하여 20일간 체류함.
- 8월 13일　멕시코 소노라주의 노갈레스에 도착함.
- 8월 27일　멕시코와 미국의 국경에 도착하여 입국 절차를 마치고 미국 아리조나주 노갈레스로 입국함.
- 8월 29일　샌프란시스코항에 도착한 후 로스앤젤레스로 가서 대한인국민회 로스앤젤레스지방회의 국치 8년 기념식에서 연설함.
- 10월 9일　로스앤젤레스 한인 예배당에서 재멕시코 동포들의 생활상에 대하여 연설함.
- 10월　제1차 세계대전이 종결되자 도산은 〈전쟁 종결과 우리의 할 일〉이라는 담화문을 발표. 강대국보다 우리의 실력 양성을 강조함.
- 11월 1일　대한인국민회 중앙총회장으로서 북미·하와이·멕시코 지방총회와 전체 동포의 단합을 호소하는 권고문을 보냄.
- 11월 14일　대한인국민회 북미총회 특별임원회를 개최하고 제1차 세계 대전 후의 적극적인 대외 활동을 모색함.
- 11월 25일　북미지방총회 임원 및 유지 인사를 소집하여 시국 문제 협의, 파리강화회의와 제2차 뉴욕 소약국민동맹회의 한국

국내외 정세

- 5월 임야조사령을 공포함.
- 6월 26일 이동휘·김립 등, 러시아 하바로프스크에서 한인사회 단(韓人社會黨)을 조직함.
- 7월 4일 소비에트, 전러시아 소비에트대회를 개최하고 헌법을 채택함.
- 8월 22일 미주의 여성단체가 대한애국단(大韓愛國團)으로 통합됨.
- 8월 여운형·장덕수·김구 등, 중국 상해에서 신한청년단(新韓靑年團)을 조직함.
- 10월 1일 군수공업동원법을 공포함. 조선식산은행이 설립됨.
- 11월 5일 총독부, 토지조사사업을 완료함.
- 11월 9일 독일, 혁명이 일어남. 바이마르공화국이 성립됨.
- 11월 11일 독일, 연합군과 휴전협정 조인. 제1차 세계대전이 종결됨,
- 11월 13일 독립지사 39명의 이름으로 만주 길림성에서 무오독립선언서(戊午獨立宣言書)를 발표함.

3장 무형의 대한민국 최고지도자 -대한인국민회-

도산연보

대표로 민찬호·이승만·정한경을 국민회 대표로 파송할 것을 승인함.
- 12월 22일 샌프란시스코에 도착함.
- 12월 23일 대한인국민회 중앙총회장으로서 한인 전체 대회를 소집함. 뉴욕소약국민동맹회 파견대표 민찬호·정한경의 보고를 들은 후 시국 문제와 진행 방침을 토의, 결정함.

1919년
41세
- 1월 20일 로스앤젤레스에서 이승만을 만나 시국문제를 의논함.
- 3월 9일 오전 11시, 상해의 원동 통신원 현순(玄楯)으로부터 3·1운동 소식을 전보로 받고, 대한인국민회 중앙총회 부회장이자 대표원 임시의장인 백일규와 대책을 협의해 독립선언 이후의 후원 방침을 결정함.
- 3월 9일 오후 7시 30분, 샌프란시스코 한인교회에서 여러 동포가 운집한 가운데 대한인국민회 임시협의회를 개최. 3·1운동 이후 재미 한인이 취해야 할 발향을 제시하고 파리강화회의 대표 파견 문제 등을 설정함. 공문으로 대한독립의 소식을 널리 알리게 함.
- 3월 9일 대한인국민회 중앙총회장 안창호 이름으로 '독립선언의 포고'를 발표함.
- 3월 초순 상해 임시정부 수립의 실무를 맡은 손정도가 대한인국민회 중앙총회장 안창호에게 상해에 오도록 요청함.
- 3월 13일 대한인국민회 중앙총회 전체 대표회를 긴급히 개최하고 결의문과 포고령을 채택함. 도산은 대한인국민회 대표로 선정되어 정인과 황진남을 통신원으로 임명함. 전 세계에 한국의 독립을 선언하는 결의문과 동포에게 대정 공급의 책임과 의연금 모금 참여를 권면하는 포고문을 발표함.

1910년 4월~1919년 3월

국내외 정세

1919년
- 1월 21일 고종, 덕수궁에서 승하함.
- 1월 18일 파리강화회의가 개최되고 국제연맹이 창설됨.
- 1월 이승만, 외신기자에게 한국은 미국이 '위임통치 (mandatory)해야 한다고 발표함.
- 2월 1일 대한청년단, 김규식을 프랑스로, 여운형을 러시아로, 장덕수를 일본으로, 김철(金澈)·서병수를 국내로 보내 독립운동을 지휘하게 함.
- 2월 8일 일본 유학생 600여 명이 조선청년독립선언서를 발표함. 2·8독립운동
- 2월 16일 이승만이 대한인국민회의 명의로 미국 윌슨대통령에게 한국 독립에 대한 청원서를 제출함.
- 2월 25일 대한인국민회 중앙총회장 이름으로 으드로 윌슨 미국 대통령에게 한국독립청원서를 제출함.
- 2월 상해 신한청년당, 김규식을 파리강화회의로, 여운형을 러시아로, 장덕수를 일본으로 파견하여 독립운동을 지휘함.
- 3월 1일 오후 2시 서울 종로 태화관(탑골공원 변경)에서 천도교 기독교 불교 등 종교 지도자를 33명의 민족대표가 3·1 독립선언서를 낭독함. 정오 무렵부터 탑골공원에 모여든 5천여 명의 학생과 시민이 2시 30분 무렵 독립선언서를 낭독하고 '대한독

3장 무형의 대한민국 최고지도자 -대한인국민회-

도산연보

- 3월 17일 북미 하와이·멕시코 각 지방 미국 9개 주에 특별위원을 파견함.
- 3월 29일 대한인국민회 중앙총회, 파리강화회의에 참석한 각국 대표에게 절대 독립을 원하는 한인의 의지와 김규식 대표의 출석권 허락을 요구하는 전보를 보냄.

국내외 정세

립 만세'를 외치며 시가행진을 시작함. 이에 따라 전국에서 3·1 운동을 봉기하기 시작함.
- 3월 2일 러시아, 코민테른(제3인터내셔널)을 결성함.
- 3월 3일 고종의 국장(國葬)을 거행함.
- 3월 유림 대표 김창숙·곽종석 등, 독립청원서를 파리평화회의에 보냄.
- 3월 21일 연해주 블라디보스토크의 대한인국민의회 임시정부가 수립됨. 대통령 손병희, 부통령 박영효, 국무총리 이승만, 군무총잔 이동휘, 탁지총장 윤현진, 내무총장 안창호, 산업총장 남형우, 참모총장 류종열, 강화대사 김규식 등 각료 명단을 발표함.
- 3월 23일 이탈리아 무솔리니, 파시스트당을 조직함.

3장 무형의 대한민국 최고지도자 -대한인국민회-

멕시코 한인사회 방문 당시의 안창호(1918)

1910년 4월~1919년 3월

멕시코 방문시의 여권 사진(1918)

3장 무형의 대한민국 최고지도자 -대한인국민회-

청도에 가기 전에 들른 상해에서 왼쪽부터 미상·정원도·안창호(1910)

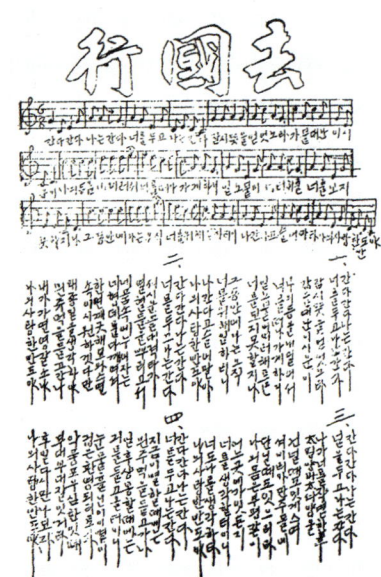

만주지역 민족학교인 광성학교 창가집에 실린 도산의 거국가 4절 악보

1910년 4월~1919년 3월

북경지역을 담당했던 청사 조성환

1910년대 북경으로 중심으로
활동한 조성환 가족

3장 무형의 대한민국 최고지도자 -대한인국민회-

도산이 머물렀던 블라디보스톡 신한촌의 고려인거리

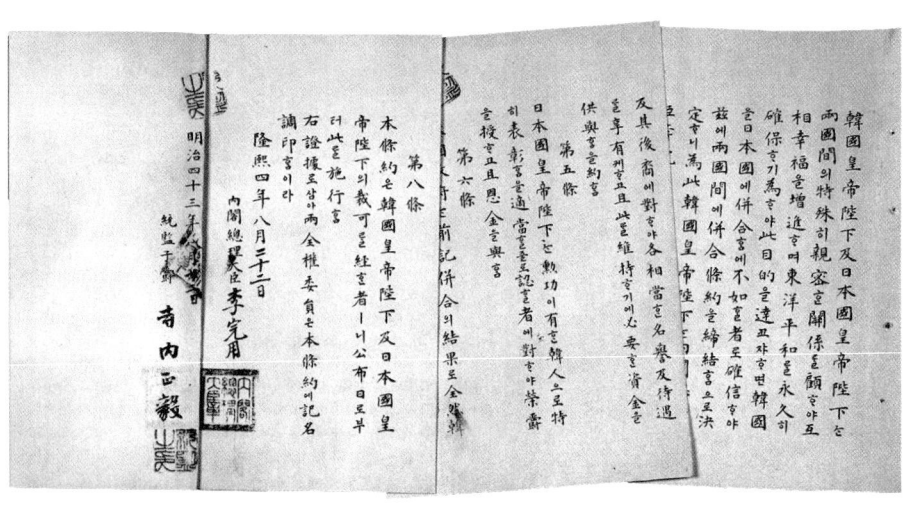

치욕의 경술국치조약문(1910.8)

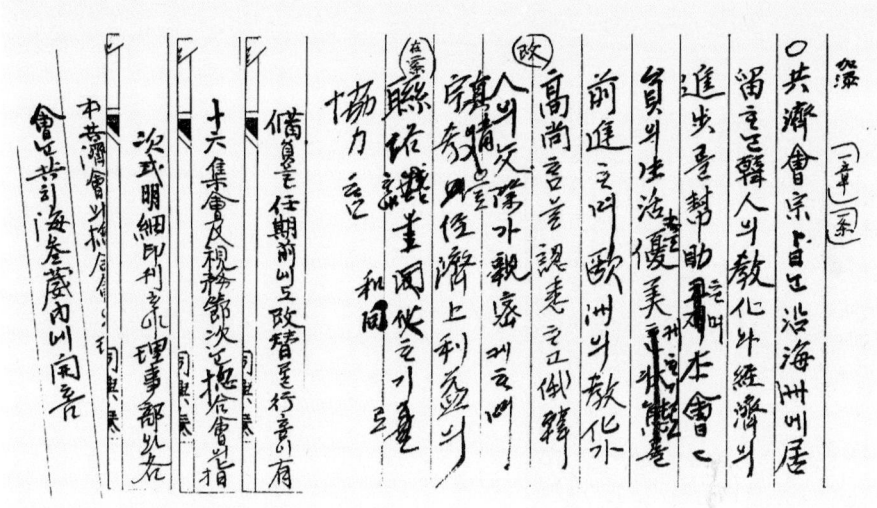

도산이 결성한 자선공제회 장정 초고(1911)

안정근이 북만주 밀산의 정황을 적어 도산에게 보낸 엽서 앞면(1911)

3장 무형의 대한민국 최고지도자 -대한인국민회-

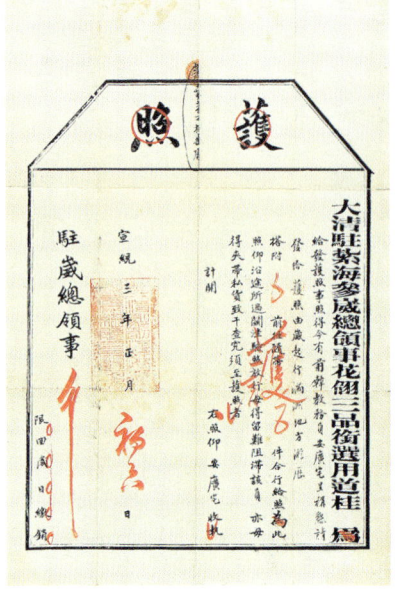

청국 해삼위 총영사 발행의 여행권

안정근이 북만주 밀산의 정황을 적어 도산에게 보낸 엽서 내용(1911)

1910년 4월~1919년 3월

러시아정부 발행의 여행 증명서(1911), 안창호가 러시아에서 유럽을 경유, 미주로 갈 때 지닌 것이다.

3장 무형의 대한민국 최고지도자 -대한인국민회-

단재 신채호

신채호가 도산에게 보낸 편지(1912)

1910년 4월~1919년 3월

도산과 의형제를 맺었던
제중원 의사 김필순

몽고 치치하얼의 김필순 가족들

3장 무형의 대한민국 최고지도자 -대한인국민회-

1910년대 이강의 가족

신민회회원들에 의해 개척된 만주 서간도 유하현 삼원보 전경

1910년 4월~1919년 3월

러시아 치타에서 설립된 시베리아 지방총회 제1차대의회 기념(1911)

이태준이 도산에게 보낸 편지(1912.7.16)

3장 무형의 대한민국 최고지도자 -대한인국민회-

국민회 제1차 이사회 기념(1909.4), 정재관(앞줄 왼쪽부터 두번째)과, 이상설(앞줄 왼쪽부터 세번째)은 국민회 원동위원으로 임명되어 러시아 블라디보스토크에 파견되었다.

샌프란시스코에서, 강영소·홍언·최정익

1910년 4월~1919년 3월

대한인국민회를 이끌었던 지도자들,
왼쪽부터 황사선·백일규·최정익

국민회 하와이 지방총회 임원, 홍안·박상하·미상·이내수·안원규·미상·강영소

3장 무형의 대한민국 최고지도자 -대한인국민회-

추정 이갑

나의가 장 공경 호고 또 한 업시 사랑 호는 열 어형
님 이시며 이사이에는 멋 든 일에 분주 호시며 다멋던
곳에 어엿던 모양으로 지 니시 놋 가 이 씨를 당호
야 붓을 잡고 열어 형님 의게 고 호랴 호니 공연히 멋
업프 옷업는 회포가 만 기구름 갓 히 일어 놋이다
弟가 前者에 열어 형님 의 厚意를 謝絶홈이 弟의
良心으로 生 혼 것을 兩次 書陳 호앗 숩더니 其後
重責이 無 호심을 보고 僉兄에서 弟에 對 호야 보니 寒
恐 호신 바 만 으심을 스사로 세 달 앗 노이다. 其時
弟가 款金을 謝絶홈은 决코 僉兄 의 處事가 不穩
홈을 因홈 도 아니오 弟 의 慊心을 假裝 호 도호 아니라
弟 의 본 時事 情이 그 지 困迫 호지 아 니 호거 놀 鮮 料 니
苦辛 으 되 앗 호 린 同胞의 돈을 이 못 의 個人 生活에 使
用홈이 實로 良心에 愧恧 호야 스사로 일 오 되 내가
만 일 여 긋 히 良心에 許諾 호지 아 니 호 논 바로써 同胞
를 속 히 기시 작 호 면 장 차 天 에 衆人 더 운 볼 치 못 호리
라 호 논 생각이 일어 나서 鎭定 홀 수 업 논 故로 僉兄
의 其後 措處에 困難 호 실 것 도 불 면 거 그 갓 히 不
恭 혼 行動을 호 엿 숩 니 다

이갑이 보낸 편지

1910년 4월~1919년 3월

대한인국민회 하와이지방총회 간부들과 대조선국민군단 간부들(1914)

1910년대 러시아 수도 페테스부르크를
중심으로 외교활동을 벌였던 이갑

3장 무형의 대한민국 최고지도자 -대한인국민회-

국민회 하와이 지방총회를 마친 후(1909), 홍언·박상하·미상·이내수·안원규·미상·강영소

1910년 4월~1919년 3월

이동휘와 황병길, 1910년대 북간도에서 활동.

이동휘가 도산에게 보낸 편지(1913.6)

3장 무형의 대한민국 최고지도자 -대한인국민회-

리버사이드 오렌지농장에서 노동하는 안창호

1910년 4월~1919년 3월

리버사이드 오렌지농장에서 노동하는 안창호

3장 무형의 대한민국 최고지도자 -대한인국민회-

리버사이드 오렌지 농장에서 한인노동자의 기념 사진을 촬영하는 안창호(1912)

샌프란시스코 포츠머드광장 루이스 스티븐슨의 기념상 앞에서 (1913), 왼쪽부터 안창호·백일규·임정구

대한인국민회 중앙총회관, 대한인국민회는 '애국관'이라고도 불렸다.

3장 무형의 대한민국 최고지도자 -대한인국민회-

이승만과 박용만

하와이 대조선국민단을 이끌었던 박용만

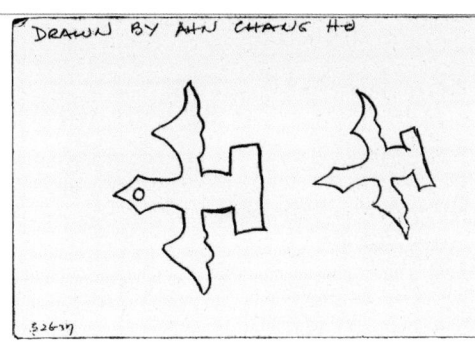

도산이 구상한 흥사단 로고

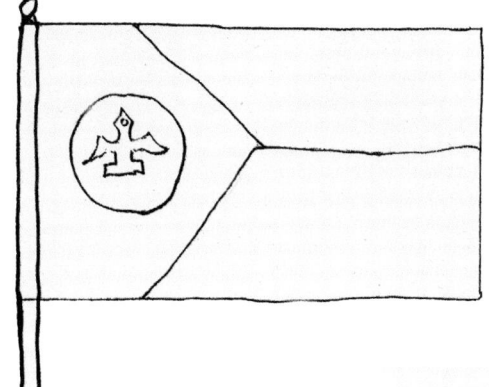

도산이 구상한 흥사단 기

창립위원 피선을 알리는 통지서(1913.12)

3장 무형의 대한민국 최고지도자 -대한인국민회-

흥사단 창립 8도 대표, 홍언(경기도)

흥사단 창립 8도 대표, 염만석(강원도)

흥사단 창립 8도 대표, 민찬호(황해도)

흥사단 창립 8도 대표, 김종림(함경도)

1910년 4월~1919년 3월

흥사단 창립 8도 대표, 정원도(전라도)

흥사단 창립 8도 대표, 조병옥(충청도)

흥사단 창립 8도 대표, 송종익(경상도)

흥사단 창립 8도 대표, 강영소(평안도)

3장 무형의 대한민국 최고지도자 -대한인국민회-

클레어몬트 학생양성소 교사진(1915), 앞줄 왼쪽부터 미상 안창호, 뒷줄 김항주 조면명규 곽림대 암초

클레어먼트 학생양성소 교사들과 함께 한 안창호(1915.6년 경)

1910년 4월~1919년 3월

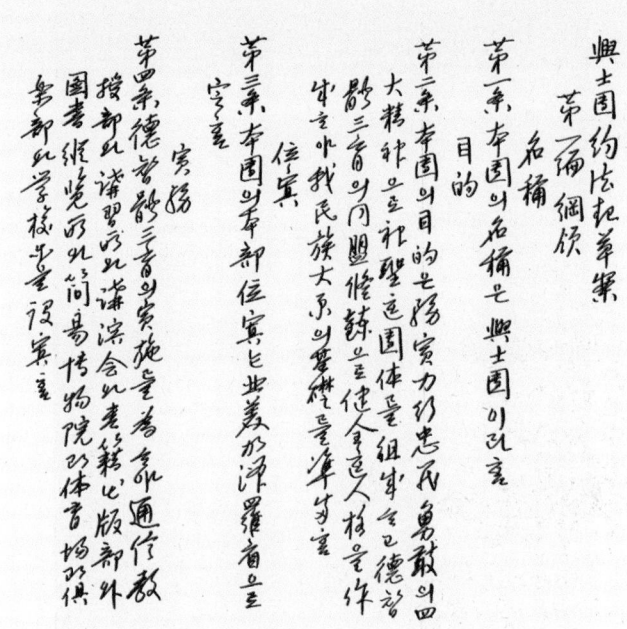

도산의 흥사단약법 초안

대한인국민회 북미지방총회 관허장(1914)

3장 무형의 대한민국 최고지도자 -대한인국민회-

하와이 순행 당시의 안창호와 김성

제2차 대회(1915.12), 왼쪽부터 이암·미상·미상·이전·전인과·미상·임준기·임성기·김하경·미상·윤필건
이일·이운경·박선제·윤지한·민찬호·문영운·강경대·안창호·박영로·김광형·미상·송동익·김병환·미상

1910년 4월~1919년 3월

대한인국민회 하와이지방 총회장 김학수와 함께
(1915)

미상·미상·길천우·곽립대·정등엽·미상·이권영·미상·김항주·미상·미상·윤진오·정영도·양주은·미상

3장 무형의 대한민국 최고지도자 -대한인국민회-

대한인국민회 하와이지방총회 경축행사(포스트릿, 1916)

1910년 4월~1919년 3월

하와이 한인사회 순행 당시의 안창호(1915)

3장 무형의 대한민국 최고지도자 -대한인국민회-

대한인국민회 하와이지방총회 임원들과 함께(1915), 앞줄 왼쪽부터 미상·안창호·정원명, 뒷줄 안원규·이내수·미상

하와이 방문 당시 하와이 대한국민회 회원과 함께(1915)

1910년 4월~1919년 3월

클레어몬트 학생양성소 교사로 사용되었던 목조 2층 건물, 이 건물은 1911년 10월 14일 대한인국민회에서 마련하였다.

클레어먼트 학생양성소 한인밴드(1916), 포모나대학에 다니던 강영대(가운데)의 지도를 받았던 학생양성소 한인밴드

3장 무형의 대한민국 최고지도자 -대한인국민회-

클레어몬트 학생양성소 앞에서, 중앙의 소년은 안창호의 장남 필립이고, 뒤가 안창호 (1916,7년경)

클레어몬트 학생양성소에서 국어를 배우는 학생들과 교사들

1910년 4월~1919년 3월

클레어먼트 학생양성소 학생들

클레어먼트 학생양성소 한인밴드(1916), 포모나대학에 다니던 강영대(가운데)의
지도를 받았던 학생양성소 한인밴드

3장 무형의 대한민국 최고지도자 -대한인국민회-

클레어몬트 학생양성소 교사들과 안창호

대한인국민회 창립기념(쿨레어몬트, 연도미상)

1910년 4월~1919년 3월

대한인국민회 본부 앞에서(1916년경) 왼쪽부터 양주은·정영도·백일규·안창호

대한인국민회 중앙총회장 당시 샌프란시스코 오크가에 위치한 대한인국민회 본부 앞에서(1913년경)

3장 무형의 대한민국 최고지도자 -대한인국민회-

흥사단 제4주년 기념대회(1916), 앞줄 왼쪽부터 하상옥·양주은·홍언·안창호·황사선·염만석, 가운데 줄 김계선·이인신·미상·김병구·김옥균, 뒷줄 강영대·미상·황사용·신달윤

로스앤젤레스에 온 백낙준 환영 기념(1916년경), 왼쪽부터 안창호 강영대 홍언 백낙준

1910년 4월~1919년 3월

흥사단 제3회 연례대회, 앞줄 왼쪽부터 미상·미상·윤진오·이전·민찬호·임초·안창호·미상·곽림대 이상·송동익·이혜련·안수산·안필선

3장 무형의 대한민국 최고지도자 -대한인국민회-

친우들과 함께 사냥 여행할 때(1916), 뒷줄 왼쪽부터 곽림대·안창호, 뒷줄 미상·임초·윤진오·이옥성·미상·이두성·미상

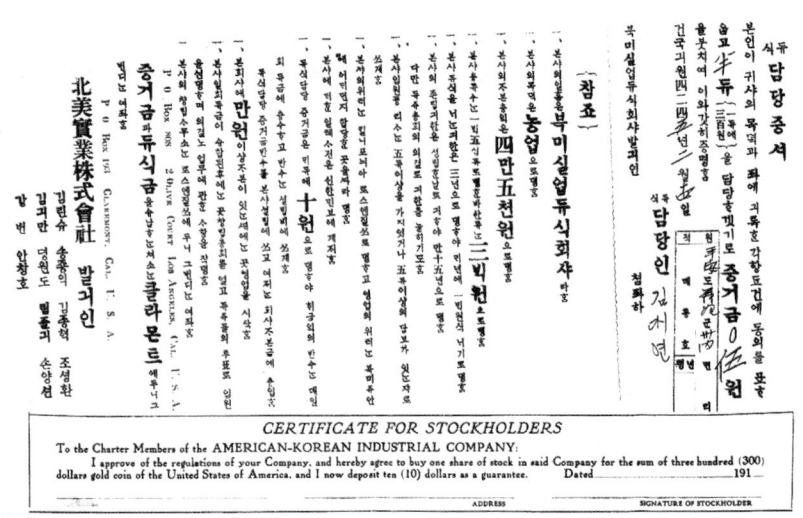

북미실업주식회사 담당증서(1919)

1910년 4월~1919년 3월

대한인국민회 멕시코 지방회 지도자들과 함께(1918) 앞줄 왼쪽부터 안창호·미상, 뒷줄 미상·김기창·강명원

왼쪽부터 메리·안창호·김기창·미상 (1918)

3장 무형의 대한민국 최고지도자 -대한인국민회-

멕시코 한인사회 방문 당시의 안창호(1918)

1910년 4월~1919년 3월

멕시코 흥사단 지회 임원들, 앞줄 왼쪽부터 김명순·이명원·김기창·이종오·차용환·강명원 가운데 줄 허완·이우식·이병순·이동의·이명상·김정식·김동순 뒷줄 최대현·이기홍

멕시코 탐피코에서 김익주가 세운 한옥양식의
건물(1918)

3장 무형의 대한민국 최고지도자 -대한인국민회-

멕시코 한인사회를 순방할 당시의 안창호(1918)

멕시코 교민들과 함께(1918)

1910년 4월~1919년 3월

홍사단 청년들과 함께(1918년 말경)

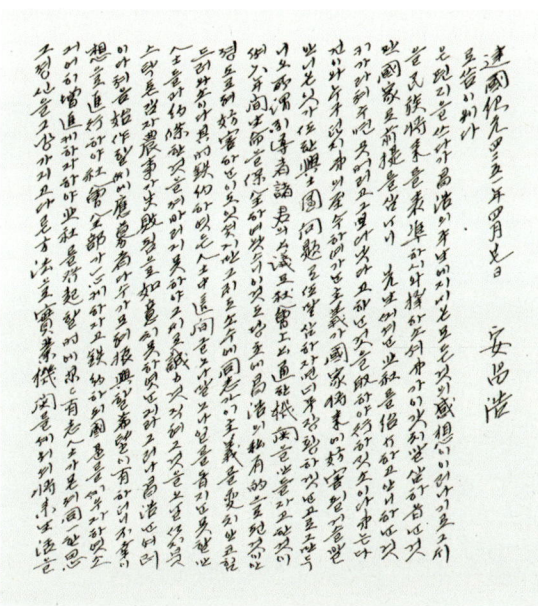

멕시코에서 홍언에게 보낸 도산의 편지(1918)

3장 무형의 대한민국 최고지도자 -대한인국민회-

멕시코 한인사회를 돌아본 후 흥사단 제5차 연례대회, 앞줄 왼쪽부터 안수산·윤진오·석대원·박선제·안창호·오익근·송동익·마춘봉·심상옥, 뒷줄 윤능호·미상·미상·미상·미상·이선영·이상·미상·미상 송상대·이영수·윤필건·미상

흥사단 제5차 연례대회 기념(1918)

1910년 4월~1919년 3월

상해로 떠나기 전 흥사단 서무원 김태진 이사부장 안창호 재무원 송종익(1919)

제4장

대한민국의 아버지
-대한민국임시정부-

1919년 4월~1924년 9월

제6회 임시정부 회의 기념사진(1919.9.17.) 1열 왼쪽부터 이유필·신익희·안창호·손정도 정인과·
최정식·이숙, 2열 왼쪽 두번째 이원익·나용균·김홍식, 4열 왼쪽부터 김병조, 다섯째는 왼쪽 여운형·
장붕·김진우·황진남, 6열 왼쪽 두번째 조완구

4장 대한민국의 아버지 -대한민국임시정부-

도산연보

1919년
41세

- 4월 5일 대한인국민회 중앙총회에서 모금한 6천 달러를 휴대하고 정인과, 황진남을 대동하여 샌프란시스코를 출발함.
- 4월 9일 하와이 호놀룰루에서 숙부 안교점의 집에서 머무르며 카할루, 아후이마누 마을로 박용만을 방문하고, 호놀룰루 하와이국민회 회관에서 정원명 총회장을 만나 대담함.
- 5월 25일 홍콩을 거쳐 상해에 도착함.
- 5월 26일 상해 공공 조계 북경로 18호에 있는 중국장로회 주최 환영회에 참석하여 연설하는 등 5월 28일, 6월 4일, 6월 6일에 연설함.
- 6월 28일 상해 임시정부 내무총장 겸 국무총리 대리로 취임하고 추임 연설을 함. 취임 즉시 대한인국민회의 2만 5천 달러로 프랑스 조계 마랑로 보강리에 임시정부 청사를 마련함.
- 7월 2일 임시정부 안에 사료편찬위원회 설립하고 총재로 취임함. 주임 이광수, 간사 김홍서, 위원 이원익·장붕·김한·김두봉·박현환·김여제·이영근과 23명의 조역을 선임함.
- 7월 7일 제5회 임시의정원 제5회 회의부터 참석하여 7월 8일 내무총장으로서 시정방침을 발표함.
- 7월 8일 임시의정원 회의에서 시정방침을 발표함.
- 7월 10일 임시정부 국무령 제1호로 연통제(聯通制)를 공포함. 임시정부가 국내외와 연락하고 통지하는 비밀 행정을 시행함.
- 7월 11일 제5회 임시의정원 회의에서 의회 통일문제에 관해 설명하고 결의안을 끌어냄.
- 7월 13일 내무총장 명의로 임시정부에 대한적십자회(내무부령 제62호)를 설립함. 회장 이희경, 부회장 김성겸, 이사 여운형

국내외 정세

1919년
- 4월 6일 인도 간디, 1차 비폭력 저항운동을 시작함.
- 4월 11일 상해 프랑스 조계의 독립임시사무소에서 임시의정원이 임시헌법을 제정, 공포하고 국호를 대한민국으로 정하고 상해 임시정부를 수립함. 입법부로 '임시의정원'을 두고 행정부로 '국무원'을 두고, 사법부는 나라를 찾을 때까지 미루기로 함. 대통령을 두지 않고 국무총리 이승만, 내무총장 안창호, 외무총장 김규식, 재무총장 최재형, 법무총장 이시영, 군무총장 이동휘, 교통총장 문창범, 국무원 비서장 조소앙
- 4월 13일 상해 임시정부, 임시의정원 의원 선거에서 의원과 손정도 의장을 선출함.
- 4월 15일 수원 제암리에서 한국인 학살사건이 일어남.
- 4월 22~23일 제2회 임시의정원 회의에서 임시정부의 차장제를 폐지하고 위원제로 개정함.
- 4월 23일 서울 서린동의 중국음식점 봉춘관에서 전국 13도 대표 24명이 모여 국민대표 취지서, 선포문, 임시정부 약헌을 채택하고 '한성 임시정부' 수립을 선포함. 집정관 총재 이승만, 국무총리 총재 이동휘, 외부부 총장 박용만, 내무부 총장 이동녕, 재무부 총장 이시영, 군무부 총장 노백린, 법무부 총장 김규식, 학무부 총장 김규식, 교통부 총장 문창범, 노동국 총판 안창호, 참모총장 류동열
- 4월 25일 제3회 임시의정원 회의에서 임시의정원법을 통과시켜 전권위원회와 상임분과위원회, 특별위원회를 구성하여 현대 민주국가의 의회 체제를 갖춤.
- 4월 30일~5월 13일 제4회 임시의정원 회의부터 임시정부 장정

4장 대한민국의 아버지 -대한민국임시정부-

도산연보

- 8월 5일 임시정부의 위원제를 폐지하고 다시 차장제로 개정하여 내무부 차장과 국장을 임명함. 차장 현순, 지방국장 서병호, 경부국장 김구, 비서국장 이유필
- 8월 6, 9, 11일 워싱턴의 이승만에게 상해로 오라는 전문을 3차례 보냄.
- 8월 20일 국무원령 제2호(임시지방교통사무국 장정)를 공포하여 교통국을 설치함. 압록강·두만강 변의 각 군과 국내 각 도·군·면과 통신 연락망을 구축하고 강화함.
- 8월 20일경 현순과 김성겸을 연해주로 특파, 의회 통합 문제의 절충을 시도함.
- 8월 21일 임시정부 기관지 《獨立(독립)》 창간. 9월 25일, 22호부터 《獨立新聞(독립신문)》으로 제호를 변경함.
- 8월 23일 정재면(鄭在冕)을 러시아의 대한국민의회에 특파하여 임시정부 통합을 의론케 함.
- 8월 25일 미국의 이승만에게 '대통령' 직명의 사용을 금지할 것을 요청함(이승만이 거부함).
- 8월 28일 임시의정원에 임시헌법의 개정안과 개조안을 제출함.
- 8월 30일 재한국민의회가 블라디보스토크 신한촌에서 총회를 개최하고 해산을 결의함. 이동휘가 상해 임시정부에 참여하여 국무총리에 취임하기 위해 상해로 출발함.
- 9월 2일 임시정부 내무총장 직속의 선전위원회를 설치함.
- 9월 5일 제6회 임시의정원 회의에서 통합 임시정부 체제의 새로운 임시헌법을 제정을 주도함, 안창호의 직책인 노동국 총판의 국을 부로 개정하자는 제안에 대해 안창호는 통합 임시정부 수립을 위해 단호히 반대함.
- 9월 6일 제6회 임시의정원 회의에서 통합 대한민국 임시정부

국내외 정세

1919년 4월~1924년 9월

을 의결하고 재원 방침을 결의함.
- 5월 4일 중국 북경 대학생 3여 명이 산동문제에 항의하여 대대적인 시위운동을 전개함.
- 5월 12일 김규식, 파리강화회의에 독립청원서를 제출함.
- 7월 31일 독일 국민의회, 바이마르공화국 헌법을 채택함. 8월 14일 공식 발표함.
- 8월 홍범도의 대한독립군 갑산·혜산진 등의 일본 병영을 습격함.
- 9월 2일 강우규, 신임 조선 총독 사이토에게 폭탄을 투척함.
- 9월 10일 총독부, 문화정책을 공포함.
- 10월 임시정부, 여운형을 소련에 파견하여 레닌 정부에게 원조를 요청함.
- 10월 10일 중국혁명당, 중국국민당으로 개편됨.
- 10월 임정 산하에 육군무관학교를 비밀리에 설립함.
- 11월 9일 김원봉 등이 의열단을 창단함.
- 11월 임시정부, 여운형이 일본 초청으로 동경에서 한국독립을 역설하고 귀환함.
- 12월 정의단 군정부, 임시정부 북로군정서로 개편됨.
- 12월 23일 영국, 인도통치법을 시행함.

4장 대한민국의 아버지 -대한민국임시정부-

도산연보

체제를 출범시킬 임시정부 개조안을 만장일치로 최종 의결하여 안창호가 주도한 통합 임시정부 개조 작업이 결실을 맺음.
- 9월 6일 의정원에서 임시 대통령 이승만이 장기간 해외에 체류함에 따라 도산이 임시 대통령 대리에 선정되었으나 단호하게 반대하고 노동국 총판(勞動局總辦)으로 있을 것을 고수하여 관철함.
- 9월 11일 통합 대한민국 임시정부 수립을 공포함.
- 9월 13일 국무총리 대리로서 임시정부 관제 개정안을 임시의정원에 제출함.
- 9월 19일 대한적십자 상임위원회에서 고문으로 선임됨.
- 9월 23일 임시정부 사료편찬회가 《한·일관계사료집》 4권을 편찬함.
- 10월 임시정부 산하에 초급장교 양성을 목적으로 윤군무관학교를 비밀리에 설립함.
- 11월 3일 이동휘 국무총리, 내무총장 이동녕, 법무총장 신규식, 재무총장 이시영 등의 합동 취임식 거행하고 축하 연설을 함.

1920년
42세
- 1월 1일 신년 담화에서 1920년을 '독립전쟁의 해'로 선언함.
- 1월 3일 상해 교민단사무소 신년축하회 석상에서 〈우리 국민이 결단코 실행한 6대사〉라는 제목으로 연설함. 군사·외교·교육·사법·재정·통일 6사업의 구체적인 진행 실행을 주장함.
- 1월 초 원동에 흥사단조직을 설립하기 위해 미주 단우 2명을 상해로 불러서 사무는 박선제, 조직은 김항주가 각각 담당하게 함.
- 1월 18일 상해 홍십자병원에 가서 박선제·이광수와 함께 흥사단 약법을 교정하며 인쇄할 것을 의논함.
- 1월 19일 임시정부 내무부 선전위원장에 피선됨.

1919년 4월~1924년 9월

국내외 정세

1920년
- 1월 10일 국제연맹이 발족됨.
- 1월 22일 손정도가 미주에서 임시정부에 부임하지 않는 이승만 임시대통령에게 서한을 보내 국내와 상해, 중국, 러시아령에 대한 정세와 이승만에 대한 민심을 전하고 조속히 상해로 와서 대국을 수습해 줄 것을 재촉함.
- 1월 22일 공산당 한인지부, 러시아 이르쿠츠크에서 창립됨.
- 2월 5일 임시정부 군무총장 노백린(盧伯麟)이 비행훈련을 지도할 교관 초빙과 비행학교의 실상을 파악하기 위해 캘리포니아 레드우드 비행학교를 방문함.
- 3월 5일 《조선일보》가 창간됨.
- 3월 인도 간디, 영국의 탄압에 대항하여 비폭력 불복종운동을 전개함.
- 4월 1일 《동아일보》가 창간됨.
- 4월 3일 임시정부 외무총장 박용만, 자신은 군사주의를 취하므로 외교에 관한 일은 못하겠다고 선언하고 북경으로 가버림.
- 4월 4일 시베리아 주둔 일본군, 블라디보스토크 신한촌 습격하고 교민 70여 명을 체포함.
- 4월 20일 임시정부, 임시거류민단을 공포함.
- 4월 23일 터키 케말 파샤, 앙카라에 임시정부를 수립함.
- 5월 김립·윤현진·정인과·김희선·이규홍·김철 등이 이승만 임시대통령에 대한 불신임안을 임시의정원에 제출함.
- 6월 4~7일 독립군, 홍범도 지휘로 봉오동전투에서 일본군을 대파함.
- 6월 22일 이동휘, 국무총리 사퇴서를 제출하고 상해를 떠남.
- 6월 25일 천도교, 종합잡지 《개벽》를 창간함.
- 7월 5일 대한민국 임시정부 공군 비행군단을 창설하고 미국 윌

4장 대한민국의 아버지 -대한민국임시정부-

도산연보

- 1월 20일 선전위원회 산하에 '의용단'을 창설하여 국내에 단원 밀파, '독립' 선전 활동을 시작하도록 함.
- 1월 21일 러시아에서 온 이용(李鏞, 이준 열사의 아들)의 방문을 받고 러시아에서 군사훈련과 군사모집을 속히 행할 것을 지시함.
- 1월 25일 상해 한인 예배당에서 〈사랑〉이라는 제목으로 설교함.
- 1월 29일 흥사단 단소에서 이광수의 입단 문답을 함. 이후 2월에 안정근 등 17인에 대해 매월 입단 문답을 거행함.
- 1월 31일 대한적십자회 부설 적십자간호원양성소를 상해 민단 사무소에 개설함.
- 1월 임시정부 선전위원회 산하에 의용단을 창설하여 국내에 밀파함.
- 2월 8일 군사연구회에 참석하고 군사연구부를 조직함.
- 2월 14일 임시의정원에 선전위원장 사직서를 제출하였으나 부결됨.
- 2월 20일 미국 캘리포니아주에 한인비행가양성소 설립을 막후에서 지휘하고 김종림 등 흥사단 단우 다수 참여함.
- 3월 2일 임시의정원에서 도산의 '독립운동 6대 방략'을 심의, 통과시키고 임시정부의 독립운동 방략으로 채택함.
- 3월 3일 상해 홍십자병원에 입원하여 치료함.
- 3월 10일 임시정부 내무부 지방선전부를 조직하고 지방선전총판에 임명되어 선전부 업무를 전담함.
- 3월 15~16일 연해주에서 온 안태국을 임시정부 북간도 특파원을 담당하도록 함.
- 3월 20일 애국부인회에 촉탁하여 임시정부 군적의 등록 운동

국내외 정세

1919년 4월~1924년 9월

로우스에 한인 공군 조종사 훈련학교인 비행사양성소를 창립함 (총재 김종립, 흥사단 8도대표 중 1인).
- 7월 30일 조만식·오윤선 등, 평양에서 조선물산장려회발기회를 개최함.
- 8월 26일 미국 의회, 여성참정권을 의결함.
- 8월 중국 진독수, 상해에서 등 중국사회주의청년단을 결성함.
- 9월 14일 의열단원 박재혁, 부산경찰서에 폭탄을 던져 서장을 폭사시킴.
- 10월 21일 독립군 북로군정서 김좌진·이범석 부대, 화룡현 청산리전투에서 일본군에 대승함.
- 10월 모택동, 중국 호남성에서 사회주의청년단 조직을 착수함.
- 11월 15일 국제연맹 제1회 총회가 개최됨.
- 12월 1일 장덕수·오상근 등, 종로 YMCA에서 조선청년연합회를 조직함.
- 12월 5일 이승만, 임시정부 대통령으로 부임하여 임시의정원에서 연설함.
- 12월 28일 한족회·청년단연합회·대한독립단, 임시정부 직할의 광복군사령부로 통합됨.
- 12월 박은식, 《한국독립운동지혈사》를 간행함.
- 12월 5일 이승만, 임시정부 임시대통령에 부임하여 임시의정원 회의에서 연설을 함.

4장 대한민국의 아버지 -대한민국임시정부-

도산연보

을 전개함. 내외 각지의 18세 이상 남자의 군적 등록을 명함. 임시헌법에 한국민의 병역의무를 규정하고 상해에서 국민국 편성식 거행함.

- 4월 19일 국무원 회의에 출석하여 안정근·이탁을 북간도 특파원으로, 계봉우를 서간도 파송원으로 선정함.
- 4월 24일 이동휘·이동녕·이시영·신규식과 함께 시국수습책을 토론함, 정부직원과 각계 유력 인사들이 합동하여 중심이 된 후 전부를 망라하여 혁명당 최대의 중심기관을 조직하자고 제안하여 동의를 얻음.
- 4월 29일 상해 구국모험단 단원 김성근·임득산 등 단원들이 폭탄 제조 중 폭발 사고로 프랑스 조계 경찰의 다리가 절단당하는 부상을 입자 일본 영사관이 프랑스 공무국에 강력히 항의하고 임시정부를 내쫓아줄 것을 요구함. 도산은 그 수습책으로 부상당한 경관에게 위로금 1만원을 지급하였는데, 이 일로 도산이 공금을 횡령했다는 비난을 받기도 하였음.
- 5월 7일 남만주 광복군사령부를 발전시킨 대한광복군총영(大韓光復軍總營)을 설치함.
- 5월 14일 의열단 단장 김원봉의 방문을 받고 부분적 모험적 행동으로 하지 말고 최고 기관과 연락하여 대대적으로 행동해야 한다는 입장을 밝힘.
- 5월 17일 안정근·왕삼덕·양명을 북간도 및 노령에, 조상섭을 서간도에 파견하여 임시 거류민단제를 설치케 함.
- 6월 28일 극동을 순방하는 미국의회 의원단을 대상으로 외교 활동을 전개하기 위하여 미국의회 시찰단 영접준비위원장에 선임됨.
- 7월 27일 황진남을 대동하고 상해에서 홍콩을 향해 출발함.

도산연보

1919년 4월~1924년 9월

- 8월 3일 서간도에서 도산의 지도를 받은 독립군 단체들이 통일하여 안동에 광복군총영 결성함.
- 8월 3일 황진남·백영엽과 함께 미국 시찰단을 만나려고 홍콩으로 갔다가 시찰단이 태풍으로 인해 상해로 직행했다는 소식을 듣고 상해로 되돌아 옴.
- 8월 13일 천진 남개대학 총장 장백령(張伯苓)과 회견, 한중공동전선 문제와 한국학생 교육문제를 토의함.
- 8월 14일 미국 의원단을 만나기 위해 북경에 도착함.
- 8월 15일 북경에서 미국 의원단을 개별 방문하고 교섭함.
- 8월 17일 북경대학 학장 채원배와 회견하고 한국의 독립운동과 한국 유학에 대한 협조를 당부함.
- 8월 19일 중국 대사를 지낸 랜취(Paul Reinsch)가 한국은 자치운동을 먼저 해야 한다고 주장한 데 대하여 반박함. 자치론의 부당성과 미국의 위임통치론의 부당성을 강조하고 한국의 독립운동을 중국 및 소련과 동맹하여 전개할 계획을 설명함.
- 9월 3일 상해 모이당에서 태평양회의에 관해 연설함. 여기서 도산은 외교론에 의지한 노선을 비판함.
- 9월 20일 중국·러시아·국내·일본 등지를 활동 범위로 하는 흥사단 원동임시위원부를 설립함.
- 10월 16일 노동국 총판 도산을 임시 북경특파원으로 임명하는 안건이 국무회의에 제출됨.
- 11월 27일 민단사무실에서 〈진정하고 명확한 진로를 취하라〉라는 연제로 강연을 함. 세금을 바치고 독립군이 될 국민을 모집하고, 전 운동의 주력이 될 대독립당을 건설하고, 이 독립당을 반드시 임시정부의 수뇌로 하는 자로 할 것을 주장함.
- 12월 21일 상해 프랑스 조계 강령리 한인교회에서 경신참변

4장 대한민국의 아버지 -대한민국임시정부-

도산연보

(庚申慘變, 간도참변)으로 비참해진 북간도 동포 구제를 위한 연설회를 개최함.
- 12월 29~30일 상해 단소에서 제7회 흥사단 원동대회를 개최함

1921년
43세
- 2월 4일 중국 군사계 유력 인물 전보균(錢寶均)을 만나 중·한 협력 및 일본 대비책을 협의함.
- 2월 6일 김규식과 함께 시국 대화를 나누며 한국·중국·러시아 3국이 연대관계를 맺고 러시아에 군사기관을 설치함으로써 임시정부의 위치를 확고히 할 것을 논의함. 또한 정부 유지를 위한 재정 확보책으로 정부의 사무제도를 간편히 하고 인원 감축, 경비절감과 정부에서 개척사업과 영업에 착수하여 생산할 것을 주장함.
- 2월초 북경에서 박은식·원세훈·김창숙 등 14명과 해외 한인의 국민대표회 소집을 요구함.
- 2월 10일 임시대통령 이승만이 도산에게 국무총리 취임을 권했으나 시국에 이로움이 없다는 뜻으로 완곡히 거절함.
- 2월 13일 김규식·신규식과 함께 제도변경기초위원으로서 임시정부의 제도 변경에 대해 토의함. 2월 14일 이승만을 방문하여 장시간 담화하고 도산이 기초한 제도변경안을 제출함.
- 2월 18일 국내로 돌아가려고 말하는 이광수에게 "이제 압록강을 건너는 것은 적에게 항복서를 바치는 것이니 절대 불가요, 당신들 개인 앞날에 큰 화를 만드는 것이라 속단적으로 행하지 말고 냉정한 태도로 양심의 지배를 받아 행하라"고 충고했으나 이광수는 결국 4년 21일에 귀국함.
- 2월 21일 국무원 회의에서 외교위원으로 선출됨.
- 2월 27일 이동휘·이시영·신익희로부터 총리직을 요청받았으나

1919년 4월~1924년 9월

국내외 정세

1921년
- 1월 24일 이동휘, 임시정부 국무총리직을 사임함.
- 2월초 북경에서 박은식·원세훈·김창숙·왕삼덕·유예균 등 14명이 〈우리 동포에게 고함〉이라는 성명(격문)을 발표하고 국민대표회의 소집을 요구함.
- 2월 23일 임시정부 외교위원부의 워싱턴 규정 수정안을 토의하는 자리에서 이승만이 대통령직에서 사임하겠다고 선언함.
- 3월 신익희·이유필 등, 중국 장사에서 한중호조사(韓中互助社)를 조직함
- 3월 8일 소련공산당, 레닌의 신경제정책을 채택함.
- 4월 20일 박용만·신채호·신숙 등, 북경에서 군사통일주비회 개최, 임시의정원 해산을 요구함.
- 5월 5일 손문, 광동정부를 수립하고 비상대통령에 취임함.
- 5월 17~18일 이승만, 임시의정원과 국무원에 외교상 긴급한 일과 재정의 절박함을 이유로 미국에 간다고 통고하고 법무총장 신규식을 국무총리 대리로 임명함.
- 5월 29일 이승만, 마닐라행 기선을 타고 상해를 떠남.
- 6월 13일 정한경, 도산 앞으로 위임통치 문제 해명서를 보냄.
- 6월 17일 임시의정원에서 대통령과 각원 불신임안이 국민대표회 소집 찬성안과 함께 표결로 통과됨.
- 6월 28일 러시아 흑하사변(黑河事變)이 발생함. 자유시에 집결한 한국독립군단을 러시아 적군이 공격하여 2백여 명이 전사한 자유시참변이 일어남.

4장 대한민국의 아버지 -대한민국임시정부-

도산연보

도산의 자격을 불신하고, 도산이 지방열이 있느니 야심가니 하는 약선전이 계속됨을 들어 거절함.

- 3월 1일 상해에서 대한교민단 주최 독립선포일 축하식을 거행함. 2월 박은식·원세훈 등 북경 독립운동가들의 국민대표회(國民代表會) 개최를 지지하고 국민대표회의 소집을 제안함.
- 3월 15일 상해 프랑스 조계 오흥리 67호에서 박은식·이탁·김철·김보연과 국민대표회의 준비촉진회를 발족함.
- 4월 11일 안태국 1주기 추도식을 거행하고 추도사를 함.
- 5월 10일 국민대표회 주비위원회 선언을 발표함.
- 5월 11일 임시정부 노동국총판직을 사임함.
- 5월 12일 상해 상현당(尙賢堂)에서 여운형과 함께 국민대표회 소집을 지지하는 연설회를 개최함. 300여 명의 찬동으로 국민대표회기성회를 조직함.
- 5월 19일 상해 한구로(漢口路) 예배당에서 400여 명의 동포가 참석한 가운데 국민대표회 소집을 촉구하는 제2회 대연설회를 개최함. 그 자리에서 조직위원으로 여운형·이탁·안창호·서병호·김병조·김규식·남형우·송병조·최동오·윤현진·이영렬·도인권·김만겸·김철·양현·원세훈·나용균·한진교·이원익 등 20명을 선출해 상해국민대표회의 기성회를 조직함. 연설 후 반 임정 노선을 취하는 북경 군사통일회의와 협의를 통해 북경행. 북경에서 북경교민 대표자 15명을 선출한다는 데 합의함.
- 6월 6일 상해에서 국민대표회 기성회 제1회 총회에서 회장으로 선임됨.
- 6월 13일 미주의 정한경이 안창호·이광수 앞으로 위임통치 문제에 대한 해명서를 보냄.
- 7월 8일 상해 프랑스 조계 보석로 14호 서병호의 집에서 국민

1919년 4월~1924년 9월

국내외 정세

- 7월 1일 상해에서 중국공산당이 창립함.
- 8월 방정환, 천도교소년회를 창립함.
- 11월 12일 워싱턴 군국회의가 개최됨.
- 12월 28일 이승만·서재필, 미국 워싱턴의 군축회의에 참석함.
- 12월 3일 김윤경·장지영·이병기 등, 조선어연구회(후의 조선어학회)를 창립함.
- 12월 6일 아일랜드 자치령이 성립됨.
- 12월 박렬(朴烈) 등, 무정부주의를 표방한 흑운회(黑雲會)를 조직함.

4장 대한민국의 아버지 -대한민국임시정부-

도산연보

대표회 기성회를 개최함.
- 8월 13일 대(對) 태평양회의(太平洋會議) 외교후원회 창립총회를 개최함. 태평양회의 후원과 자금 문제를 해결하고자 결성하고 대태평양회의외교후원회 결성을 주도함.
- 8월 상해 기성회 위원 30인, 북경 교민회 선출위원 15인, 북경 군사통일회 선출위원 5인, 천진교민회 선출위원 5인으로 구성된 국민대표주비위원회를 구성함.
- 9월 1일 상해에서 열린 대태평양회의외교후원회 회의에서 연설하고 외교론에 의존한 노선을 비판함.
- 9월 14일 미국으로 가기 위해 비자를 신청하였으나 이승만파의 방해로 거부당함.
- 11월 25일 대한적십자총회 회장에 선임됨.

1922년
44세
- 1월 상해 인성학교 교장에 취임함(9개월간).
- 1월 23일 만주의 독립군단체인 통의군(統義軍) 결성에 참여하고 총장(총사령관)으로 추대됨.
- 1월 23일 흥사단 북경지부를 설립함.
- 2월 상순 북경에서 이동휘·박용만·노백린 등과 만나 임시정부 개혁과 독립운동 방략을 논의하기 위하여 4월 17일부터 5월 3일까지 국민대표회를 개최하기로 합의함.
- 2월 11~13일 남경을 방문하여 여러 원동임시위원부 단우를 만나 남경단우회 조직에 대하여 협의하고 돌아옴.
- 2월 12일 서울 서대문정 1정목(신문로 1가) 이광수 자택에서 흥사단의 서울 조직인 수양동맹회를 창립함. 이광수를 비롯하여 미주 본부에서 온 김항주·김태진·곽용주, 상해에서 온 박현환, 국내에서 입단한 김윤경·김기전·원달호·강창기·홍사용 등

1919년 4월~1924년 9월

국내외 정세

1922년
- 1월 21일~2월 2일   러시아 모스크바에서 극동인민대표자대회가 개최됨. 김규식 등 한인대표 150여 명이 참가함.
- 2월 12일   서대문정 1정목(신문로 1가) 이광수 자택에서 수양동우회가 결성됨
- 2월 15일   네델란드 헤이그에 국제사법재판소가 설립됨.
- 2월 27일   중국 손문이 북벌을 선언함.
- 3월 22일   하와이 대한인국민회 지방총회가 해체되고 한국교민단이 설립됨.
- 3월 27일   조선여자기독교청년회(YWCA)가 결성됨.
- 3월 31일   무산자동지회와 신인동맹회가 통합하여 무산자동맹회가 성립됨.
- 4월 1일   소련의 스탈린, 소비에트 공산당 서기장에 취임함.
- 5월 12일   중국 장작림, 동삼성의 독립을 선언함.

4장 대한민국의 아버지 -대한민국임시정부-

도산연보

10여 명이 참여함.

- 2월 26일 남경의 단우가 남경지방단우회를 조직함. 백영엽의 집에서 단우회를 가지고 주석은 김선량. 서기는 김병옥이 맡기로 함.
- 4월 10일 국민대표회 주비위원회 소집을 선언, 각 단체에 소집 통고서를 발송함.
- 4월 30일 남경 금릉대학에서 흥사단 원동임시위원부 제2회 남경단우회를 개최함.
- 5월 10일 상해에서 국민대표회 주비위원회 소집을 선언함. 각 단체에 회의 소집 통고문을 발송함.
- 5월 23일~7월 4일 미국에서 온 흥사단 단우 천세헌과 함께 북경·천진·직예·산동·안휘·강소 등 지방을 다니며 국민대표회 개최를 알리고, 독립군 근거지와 토지 경영 후보지를 물색한 후 상해로 돌아옴.
- 6월 6일 국민대표회 기성회 제1회 총회에서 임시회장으로 선출됨.
- 6월 흥사단 천진지부를 설립함.
- 7월 11일 이광수에 대한 무기정권 처벌을 요청하는 의견서(원동발 제6호)를 흥사단 검사부에 발송함.
- 7월 상해 각 방면의 주장과 이익을 충분히 반영하고 정책을 결정하기 위하여 시사책진회를 조직함.
- 7월 20일 상해 포석로에서 임시정부와 임시의정원, 국민대표회 대표 50명으로 시사책진회를 결성하여 국민대표회 소집에 대한 갈등을 해소하고 중재하기 위해 노력함. 시사책진회 제4회 회의에서 임시정부·임시의정원·국민대표회, 한형권의 레닌 자금에 대하여 토의함.

국내외 정세

- 5월 이광수, 《개벽》 잡지에 〈민족개조론〉을 발표함
- 6월 1일 제1회 조선미술전람회가 개최됨.
- 6월 17일 이승만, 임시정부에서 불신임을 당함.
- 8월 서로군정서·한족회·대한독립당·광복군총영 등이 통합하여 대한통군부(大韓統軍府)를 발족함.
- 9월 7일~10월 25일 일본군, 시베리아에서 철병함.
- 10월 31일 이탈리아, 파시스트 정권이 수립됨. 무솔리니가 수상에 오름.
- 11월 1일 오스만제국이 멸망함.
- 11월 6일 안창남, 동경-대판 간 비행에 성공함.
- 11월 13일 서재필, 도산의 미국 입국을 미 국무성에 일본 여권 없이 입국할 수 있게 해줄 것을 요구함. 미국 국무성은 상해 총영사관에 교섭하여 볼 것을 지시함.
- 11월 18일 호적령(戶籍令)을 공포함.
- 11월 23일 이상재·조만식 등, 조선민립대학기성회를 발기함.
- 11월 터키의 케말 파샤, 술탄제 폐지를 선언함. 오스만 터키제국 멸망함.
- 12월 30일 소비에트사회주의공화국연방(USSR)이 성립됨.

4장 대한민국의 아버지 -대한민국임시정부-

도산연보

- 7월 시사책진회 회장에 선출됨. 시사책진회는 각 방면의 주장 및 이익을 충분히 토의한 후 최선의 방법을 결정하고 이를 실현케 하도록 노력하는 단체로, 안창호·김구·신익희·원세훈·조소앙·윤기섭·한진교·조완구·홍진·서병호·김철(金徹)·유기준·안정근·남형우·오영선·이탁·도인권·옥관빈·여운형·현순·이동녕·노백린·장붕·이시영 등 독립운동 단체 지도자와 흥사단 원동임시위원부 단우인 손정도·차리석·천세헌·이유필·조상섭·김홍서 등이 대거 참여함.
- 10월 1일 도산의 권유로 상해 조상섭의 집에서 여운형·김구·이유필·조상섭·조동호·최석순·오영선 등이 모여서 한국노병회(韓國勞兵會) 조직을 추진함.
- 10월 28일 상해에서 한국노병회를 창립함, 조국 독립에 필요한 실력 준비로 군인양성 및 전비 조성을 목적으로 발기함. 16인의 발기인 중 조상섭·이유필·손정도·김홍서·김두만 등, 일반 회원 중에도 나창헌·최석순·문일민·이강 등 흥사단 원동임시위원부 단우 다수가 참여함.
- 11월 각파(各派)혁명이론비교연구회에 참여함.
- 12월 27일 국민대표회의 본회의 개최를 위한 예비회의를 개최함.
- 12월 30일 남경으로 가서 여러 동포와 미밀리에 국민대표회의 대표 선거와 그 밖의 중대 사건을 협의하고 돌아옴.

1923년
45세
- 1월 3일 상해 영국 조계 한구로 모이당에서 국민대표회 본회를 개최함. 5월 15일까지 124명의 대표가 63회에 걸쳐 회의 실시, 미국 대한인국민회 대표로 참석함.
- 1월 10~11일 도산에 대한 대표자격 논란이 일어남. 이승만이

1919년 4월~1924년 9월

국내외 정세

1923년
- 1월 1일 남대문역이 경성역(京城驛)으로 개칭됨.
- 1월 12일 의열단 김상옥, 종로경찰서에 폭탄을 투척함.
- 1월 15일 임시정부 신임 국무총리로 노백린이 취임함.
- 1월 신채호, 〈조선혁명선언서〉를 작성함.

4장 대한민국의 아버지 -대한민국임시정부-

도산연보

　　미국 정부에 위임통치를 요구한 것은 도산이 대한인국민회 중앙총회 대표로서 승인했기 때문이라는 데 대한 시비가 일어났기 때문임.

- 1월 15일　국민대표회 임시총회에서 임시의장으로서 대표 자격 심사와 회의 규정 기초 작업 등 의사를 처리함.
- 1월 18일　국민대표회 부의장에 선임됨(의장 김동삼, 부의장 윤해). 외교분과위원·헌법기초위원으로도 활약함.
- 1월 26일　평양 옛 대성학교 졸업생과 신민회 회원들로 동우구락부(同友俱樂部)를 결성함(대표간사 김동원).
- 1월 31일　상해 모이당에서 대표 88명이 참석한 가운데 정식으로 국민대표회 개막식을 개최함. 도산이 신숙·강석훈·김마리아 등과 함께 연설함.
- 2월 21일　국민대표회, 선서와 선언식을 개최함.
- 3월 12일　국민대표회에서 도산이 추진하는 '임시정부 개조안 3항'이 통과함.
- 3월 13일　국민대표회 39차 회의에서 김우회 등 창조파가 대한민국 정부를 부정하고 완전히 새로운 정부를 창조(수립)하자는 '신조직 제의안'을 제출하였으나 합의가 안 됨.
- 4월 11일　국민대표회 제45차 회의에서 여운형 등 5명이 '시국문제'에 대해 제의함. 개조파와 창조파가 첨예하게 대립하고 있던 상황에서 "본 국민대표회는 내외 각 독립운동 단체를 통합하여 대독립당(大獨立黨)을 조직하기로 결의함"이라는 제3의 방안을 제안한 것임.
- 5월 12일　국민대표회 제62차 회의부터 개조파 31명의 대표가 출석하지 않고 제출한 휴회 청원이 있었으나 받아들여지지 않고 개조파와 창조파의 의견이 첨예하게 대립하여 파행으로 달음.

1919년 4월~1924년 9월

국내외 정세

- 2월 21일 중국 손문, 대원수에 취임함.
- 3월 7일 중국, 일본에 21개조 폐기를 통고함.
- 3월 21일 김동삼 국민대표회 의장이 개조안을 본회의에 상정하려 하자 창조파가 본회의장에서 탈퇴함.
- 4월 25일 임시정부 임시의정원 11명의 연서로 이승만 탄핵안을 제출함.
- 5월 1일 조선노동총연맹회, 최초의 메이데이 행사를 개최함.
- 5월 19일 국민대표회 제66차 회의에서 '국호 문제'를 받아들여 극호를 '한(韓)'으로 하자는 안이 제출됨.
- 5월 김규식·이범석 등, 만주 연길현에서 고려혁명군을 조직함.
- 6월 1일 일본해군, 장사에 상륙하여 배일운동을 탄압함.
- 6월 6일 국민대표회 회의에서 창조파가 국호를 한(韓), 연호를 기원(紀元)으로 정함.
- 6월 7일 국민대표회 창조파(잔류파) 39명이 단독으로 제74차 회의를 개최하여 위원회 체제의 새 임시정부를 구성하고 국민대표회를 폐회함. 이후 윤해 등 33인의 국무위원회를 조직, 김규식을 행정수반으로 선출하고 임시정부 조선공화국을 구성하였으나 12월 말 블라디보스토크에서 추방당하고 해체됨.
- 6월 10일 국민대표회 개조파, 설명서를 발표함.
- 6월 중국공산당, 국민당과의 통일전선을 결정함.
- 7월 2일 임시정부에서 임시헌법개정 기초위원회를 조직함.
- 7월 17일 홍명희·윤덕병 등 시사상연구회(화요회)를 조직함.
- 8월 백광운〔白狂雲, 채찬(蔡燦)〕 등, 만주 통화현에서 육군주만참의부를 조직함.
- 9월 1일 일본, 관동대지진 발생. 일본당국이 관동대진재로 인한 민심의 동요를 막기 위해 한국인들이 폭동을 일으켰다고 하

4장 대한민국의 아버지 -대한민국임시정부-

도산연보

- 5월 15일 63회 회의를 끝으로 국민대표회가 결렬됨.
- 5월 16일 국민대표회 제64차 회의에서 개조파 대표 10명이 탈퇴하고 퇴장해 개조파의 탈퇴가 시작됨. 도산은 부의장으로서 국민대표회의 분열을 막기 위해 최후의 노력으로 개조파와 창조파, 임시정부 고수파 대표를 비공식적으로 초청하여 설득함.
- 6월 4일 안창호·손정도·왕삼덕 등 개조파와 신숙·윤해 등 창조파가 합석하여 타협책을 논의하였으나 완전히 결렬됨.
- 8월 이후 북경 서산 일대에서 모범촌 후보지를 물색함.
- 11월 무렵 내몽골의 포두진에 한인촌 건설을 추진함.
- 12월말~1924년 1월 9일 흥사단우 박일병과 함께 산해관·금주·호로도 등지를 답사하고 모범촌 건설을 위한 토지형편을 살핌. 산해관에서 양기탁과 함께 만주 등지를 시찰함.

1924년
46세

- 1월 초 북경을 떠나 만주의 대한통의부로 가서 서간도와 북간도 일대를 답사함. 독립운동 근거지 설치 지역을 조사하고 독립군단체 대표들과 회합하며 한국 동포들에게 독립운동을 고취하는 연설을 함.
- 1월 31일 흥사단 원동임시위원부 단우 임득산을 남양과 광동, 필리핀, 보르네오, 싱가포르 방면까지 보내 모범촌 후보지를 물색함.
- 2월 7~8일 남경 협진회관에서 제10회 흥사단 원동대회를 주관함. 대회 주석 안창호, 141명이 참석함.
- 2월 중순 상해로 돌아와서 〈대동통일취의서〉를 발표하고 통일운동을 재개함.
- 2월 흥사단 원동임시위원부가 미주 흥사단의 자금 원조를 받아

1919년 4월~1924년 9월

국내외 정세

　　는 유언비어를 퍼뜨려 무고한 한국인 6천여 명이 학살당함.
- 10월 29일　터키 케말 파샤, 터키공화국을 수립함.
- 10월　중국 손문, 국민당의 공산주의자 입당 요인인 연공정책을 채택함.
- 색동회, 5월 1일을 어린이날로 제정함.

1924년
- 1월 20일　중국 광주에서 국민당 제1회 전국대표자대회 개최, 제1차 국공합작 채용을 결정함.
- 1월 21일　소련, 레닌이 사망함.
- 1월 22일　영국 최초로 노동당 내각이 성립됨.
- 3월 1일　이상재, 소년척후단 조선총동맹을 조직함.
- 4월 5일　상해한인청년동맹, 유일당운동에 대한 후원을 선언함.
- 4월 23일　임시정부 국무총리에 이동녕이 취임함.
- 5월 1일　그리스, 공화국을 선언함.
- 5월 2일　경성제국대학, 예과를 개설함.
- 5월 11일　미국 의회, 신이민법을 의결함.
- 6월 16일　손문, 황포군관학교를 개교함(교장 장개석).
- 9월 1일　임시정부, 국무총리 이동녕을 대통령 직무대리로 선임함.

4장 대한민국의 아버지 -대한민국임시정부-

도산연보

남경에 1,500평의 토지를 매입하고 단소를 남경으로 옮김.
- 3월 3일 미주 흥사단의 자금 원조로 남경에서 동명학원(東明學院)을 설립하고 원장에 취임함. 국내에서 모여든 다수의 청년들이 중국, 미주, 유럽 방면으로 유학하기 위해 준비하는 교두보 역할을 함.
- 4월 5일 상해청년동맹(上海靑年同盟) 결성함. 흥사단계 청년 다수가 참여함.
- 4월 8일 비밀리에 북경에 잠입한 이광수를 북경 영공우(瀛公寓)에서 만나 '갑자논설(甲子論說)'을 구술하고, 수양동맹회를 원동흥사단의 지부 조직으로 할 것과 잡지 발간에 대해 의론함.
- 4월 14일 북경에서 천진까지 이광수를 배웅하고, 4월 18일 상해에 도착함.
- 5월, 미국에 가기 위해 미국정부에 비자를 신청했으나 공산주의자라는 모략(이승만으로 추정됨)으로 미국 당국에게 거절당함.
- 7월 7일~8월 8일 남경 동명학원에서 하기 강습회를 개최함.
- 10월 30일 남경에서 제10회 흥사단원동대회를 개최함.

국내외 정세

1919년 4월~1924년 9월

- 9월 3일 임시정부, 독립당 대표자회 소집 규약을 발표함.
- 9월 18일 손문, 제2차 북벌을 선언함.

4장 대한민국의 아버지 -대한민국임시정부-

독립을 외치는 군중들

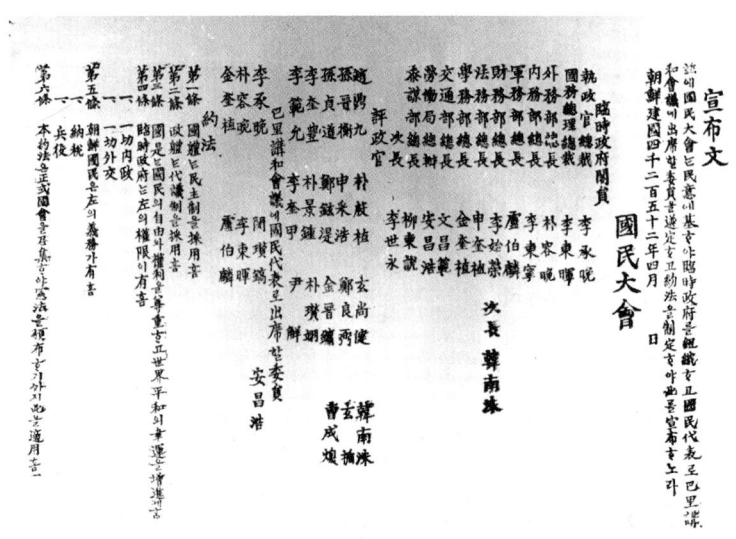

한성임시정부의 수립을 알리는 선포문(1919.4.)

1919년 4월 ~ 1924년 9월

우사 김규식

김규식과 대한인국민회 임원(1919), 파리 강화회 활동을 마치고 구미위원부 위원장으로 미국에 온 김규식을 대한인국민회 임원들이 환영하였다. 대한인국민회는 김규식의 파리 외교활동을 후원하였다.

4장 대한민국의 아버지 -대한민국임시정부-

안창호와 황진남(1919)

대한민국임시정부청사(1919)

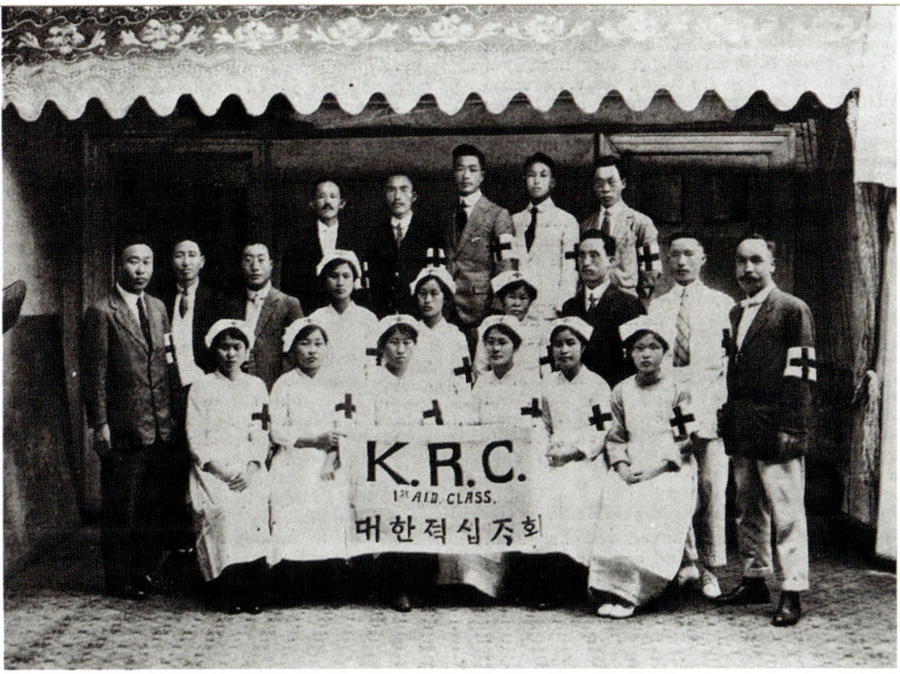

상해 대한적십자회(1919.8), 대한적십자회는 안창호의 발기로 대한인거류민단 안에서 조직되었다

大韓獨立運動費第一次義捐金證書

紀元四二五二年七月二六日

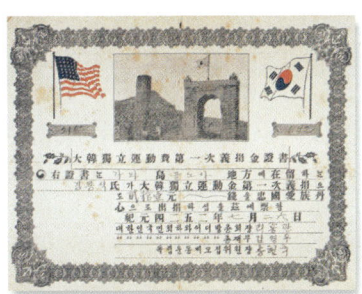

대한인국민회.대한민국임시정부가 발행한 독립의연금 증서(1919.7.26)

$10 No. 302

Republic of Korea

Certificate of Indebtedness

This Certifies that there is due from the Republic of Korea to the Bearer, the sum of TEN DOLLARS, of the standard of value, weight and fineness of gold coin of the United States of America, for the redemption of which we pledge the good faith and credit of the Republic of Korea upon presentation to the Minister of Finance, at Seoul, Korea, within one year after the recognition of the Republic of Korea by the United States of America; the original holder hereof having loaned the amount of this certificate of indebtedness to the Republic of Korea. Redemption shall be made either in cash or in authorized bonds of the Republic of Korea drawing not less than four per cent per annum as the said Minister of Finance, acting for the said Republic of Korea, by proper authority shall direct. This certificate shall draw interest at six per cent per annum until time for redemption as above specified.

Done and certified by and for the Republic of Korea this first day of September, A. D. 1919.

ATTEST:

Chairman of the Korean Commission

President of the Republic of Korea

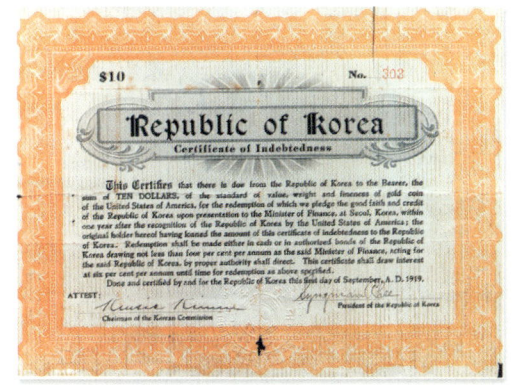

임시정부에서 발행한 공채(1919.9.1) 3.1운동 소식이 미주에 전해진 후 4월경부터 안창호는 캘리포니아 지방을 순행하면서 교포들에게 독립운동을 도울 것을 호소했다. 안창호는 독립운동 자금을 마련하기 위해 모든 교포들이 총수입의 20분의 1을 내국금으로 헌금해 줄 것을 당부하였다.

4장 대한민국의 아버지 -대한민국임시정부-

제6회 임시정부 역사편찬위원회 기념사진(1919.9.17.) 1열 왼쪽부터 이유필·신익희·안창호·손정도·정인과·최청식·이숙, 2열 왼쪽 두번째 이원익·나용균·김홍식, 4열 왼쪽부터 김병조, 다섯째는 왼쪽 여운형·장붕·김진우·황진남, 6열 왼쪽 두번째 조완구

임시사료편찬위원회에서 발행한 사료집(1919.9.)

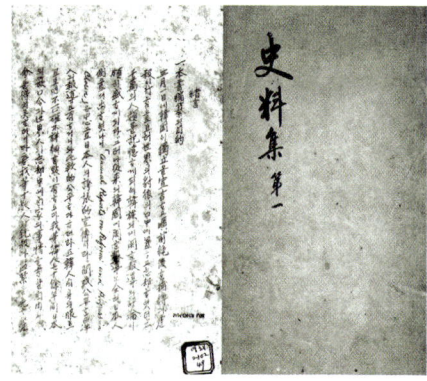

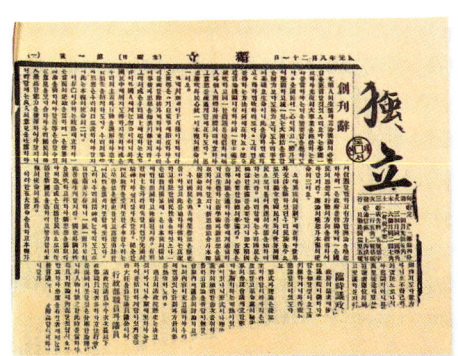

안창호의 주도로 발행된 독립의 창간호, 독립은 뒤에 독립신문으로 개제되었다

1919년 4월 ~ 1924년 9월

대한민국임시정부 국무원 성립기념(1919.10.11), 앞줄 왼쪽부터 신익희·안창호·현순, 뒷줄 김철·윤현진·최창식·이춘숙

4장 대한민국의 아버지 -대한민국임시정부-

대한민국임시정부 재상해 직원 일동(1919.10.11)

)흥사단 제6차 연례대회(1919)

1919년 4월 ~ 1924년 9월

대한민국임시정부 산하의 독립운동 단체인 육군주만참의부 대원들

4장 대한민국의 아버지 -대한민국임시정부-

통합 임시정부로서 처음 맞이한 신년축하회 기념(1920.1.1.), 1열 왼쪽부터 차균상·손두환·황일청·박지봉·송정환·김현균·고일청·엄항섭, 2열 김구·양헌·도인권·김여제·이유필·김병조·손정도·신규식·이동녕·이동휘·이시영·안창호·김철·김립·장건상·윤현진·신익희·이규홍·이춘숙·정인과, 3열 김용정·차원여·한응화·김태준·신역완·이규서·최동오·권태용·임득산·황학수·김복형·조봉길·윤창만·박인국·이원익 4열, 김희준·최진석·정재형·김덕선·김영희·김보연·황진남·김홍서·정태희·김홍운·장원택·유흥환·김봉준·장신국

1919년 4월 ~ 1924년 9월

도산의 일기
(1920.1.14.~1921.3.2.)

도산의 신년 축하 연설(독립신문, 1920.1.)

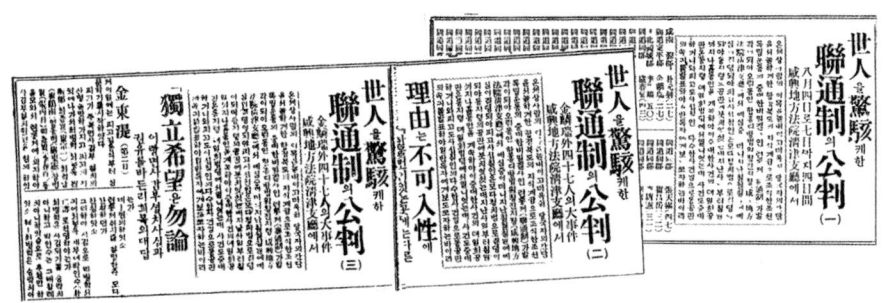

도산이 제안한 연통제를 보도한 기사(동아일보, 1920.8.)

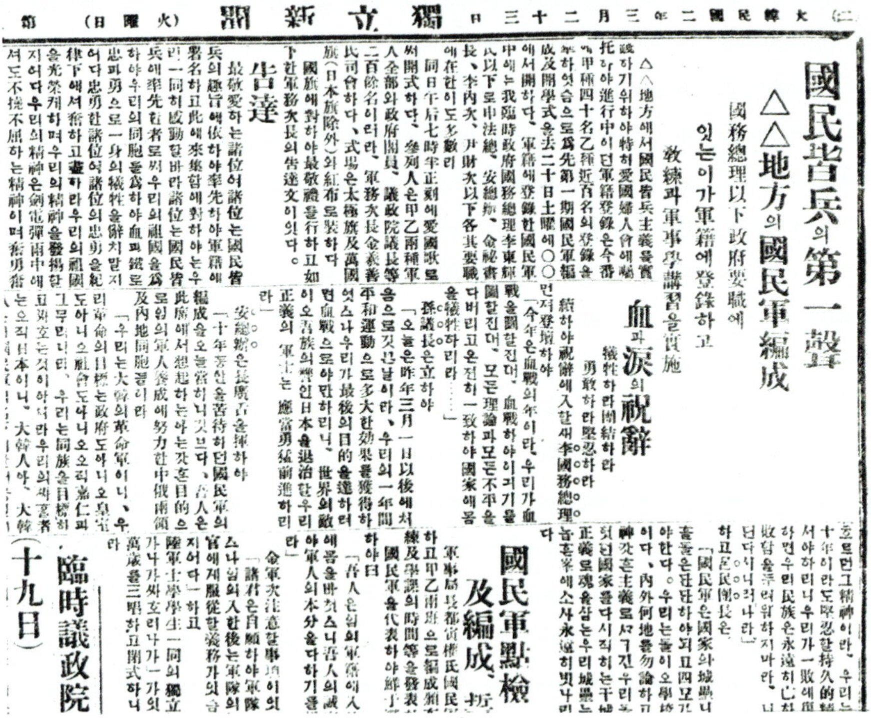

4장 대한민국의 아버지 -대한민국임시정부-

독립신문, 국민개병(1920.3.23.)

신민희 동지 안태국의 운구행렬(1920)

1919년 4월 ~ 1924년 9월

안태국 선생의 장지에 모인 조문객

4장 대한민국의 아버지 -대한민국임시정부-

임시정부시절 김구(좌),이탁(우)와 함께한 도산(1920)

안태국 정지에 모인 안창호와 애국지사들(1920)

1919년 4월 ~ 1924년 9월

(상)안창호와 손정도(1920.3.), 안창호의 생일을 기념해 촬영하였다.

4장 대한민국의 아버지 -대한민국임시정부-

흥사단 이사부, 미상·송동익·김태진(1920)

다뉴바 한인교포들의 3.1운동 1주년 기념(1920), 다뉴바에서는 3.1 독립만세 기념 퍼레이드를 연중 행사로 개최하였고, 여름이면 국어학교를 통해 여름이면 국어학교를 통해 2세들에게 우리말을 가르쳤다.

1919년 4월 ~ 1924년 9월

대한민국임시부 3.1절 1주년 기념식 행사(1920.3.)

4장 대한민국의 아버지 -대한민국임시정부-

대한민국임시정부 군무총장 노백린과 한인비행학교 훈련생(1920), 레디우드시에 설립된 한인 비행학교는 김종림·곽립대 등 흥사단 단우들의 적극적인 후원 아래 설립되었다. 왼쪽부터 장명훈·오림하·이용선·노백린·이초·이용근

한인비행학교 학생 및 교관(1920)

1919년 4월 ~ 1924년 9월

한인비행학교 비행훈련장 전경(1920.5.1.)

4장 대한민국의 아버지 -대한민국임시정부-

도산과 도산을 보좌한 청년들(1920), 뒷줄 왼쪽부터 김복령·전재순·유상규

장리욱·송종익·오익근(1920)

1919년 4월 ~ 1924년 9월

흥사단 원동임시위원부 초창기회원(1920.12.), 앞줄 왼쪽부터 이영규·김여제·주요한·미상·전재순·백영엽, 가운데 미상·미상·정애경·김항주·미상·안창호·미상·손정도·미상·정인과, 뒷줄 이규서·박선제·미상·미상·정산빈·김홍서·유상규·김복형·이광수·김병연·미상·미상·임득산·김창세

4장 대한민국의 아버지 -대한민국임시정부-

도산의 '흥사단역사' 강론원고(1920)

흥사단 제7차 연례대회(1920.12.28)

1919년 4월 ~ 1924년 9월

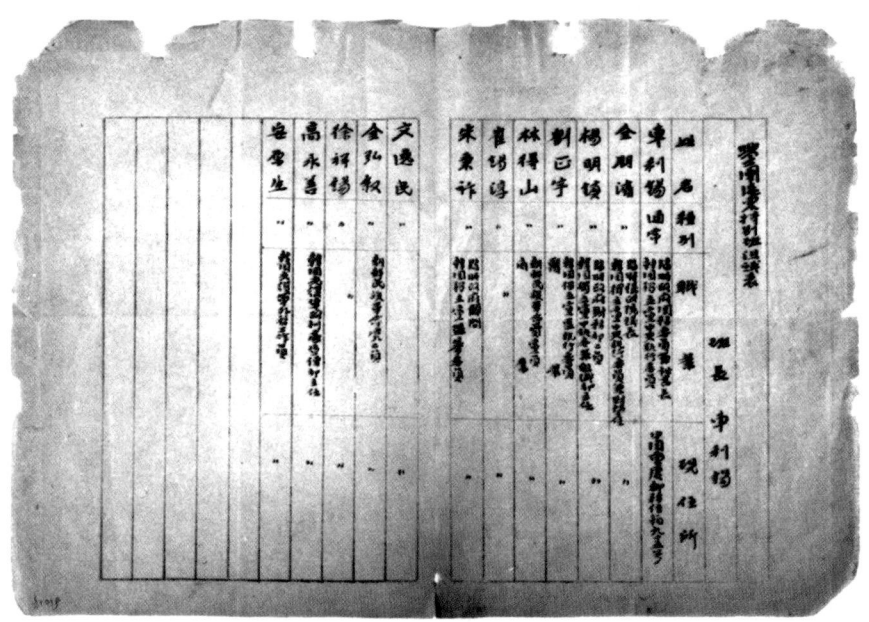

흥사단 원동 반조직표

4장 대한민국의 아버지 -대한민국임시정부-

대한민국 및 임시의정원 신년축하식 기념(1921.1.1.), 1열 왼쪽부터 미상·전재순·김구·오희원·미상·미상·유기준·정태희·김재덕·김붕준·엄항섭·정재형, 2열 왼쪽부터 이규홍·김철·신익희·신규식·이시영·이동휘·이승만·손정도·이동녕·남형우·안창호·오영선·윤현진·서병호·조완구, 3열 왼쪽부터 미상·임병직·미상·김복형·도인권·최근우·김인전·이원익·정광호·김태연·이복현·미상·김홍서·나용균·황진남·김정목, 4열 왼쪽부터 미상·왕삼덕·차균상·김여제·안병찬·장붕·미상·이규서·김용철·미상·송병조·양헌·조동호·이유필

1919년 4월 ~ 1924년 9월

이승만임시대통령 환영회 석상에서 임시정부 요인들과 함께(1920.12.28)

4장 대한민국의 아버지 -대한민국임시정부-

安昌浩氏談

最後의勝利는血戰에잇나니血戰을하랴면그誠意와그勇氣가잇서야되리라.

◇

眞正한誠意와勇氣가잇는者는입으로血戰하지안코그血戰이實現되도록몸으로努力하리라.

◇

血戰을實現케함에는武裝도軍需도의여러가지가잇게함은勿論이나가장업지못할根本問題는知識과糧食이니라.

◇

그럼으로血戰을期待하는勇壯한우리大韓의男兒는彷徨하지말고빔음에와버림함에至誠에至誠을다할지어다.

일제와의 혈전을 벌일 마음가짐에 대한 도산의 담화 (독립신문, 1921)

흥사단 제8차 연례대회

1919년 4월 ~ 1924년 9월

대한민국임시정부의 3.1절 2주년 기념식(1921.3.1.)

4장 대한민국의 아버지 -대한민국임시정부-

독립운동 진행책에 관한 도산의 연설(독립신문, 1921.5.)

도산이 상해에서 국민대표회의를 준비할 때 김마리아.차경신과 함께(1922)

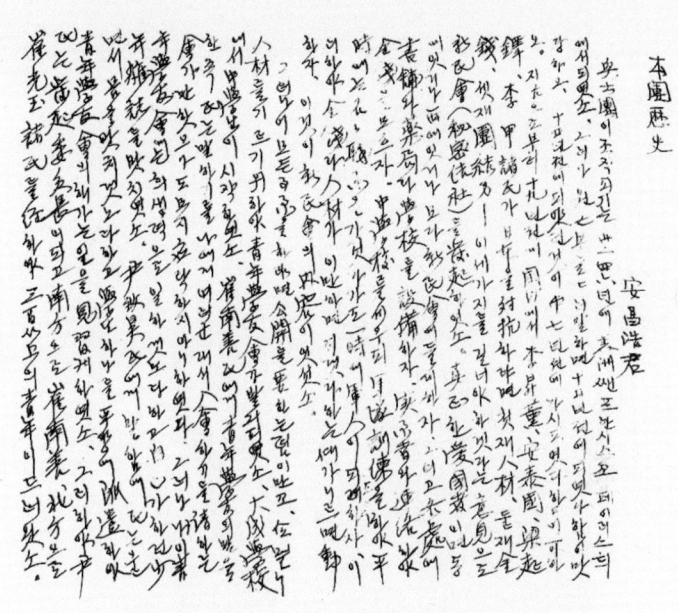

도산의 흥사단역사 강론원고(1920)

도산의 흥사단역사 강론원고(1920)

4장 대한민국의 아버지 -대한민국임시정부-

안창호와 함께 국민대표회를 제의한 여운형

홍사단 제8차 연례대회(1921.12.28.)

1919년 4월 ~ 1924년 9월

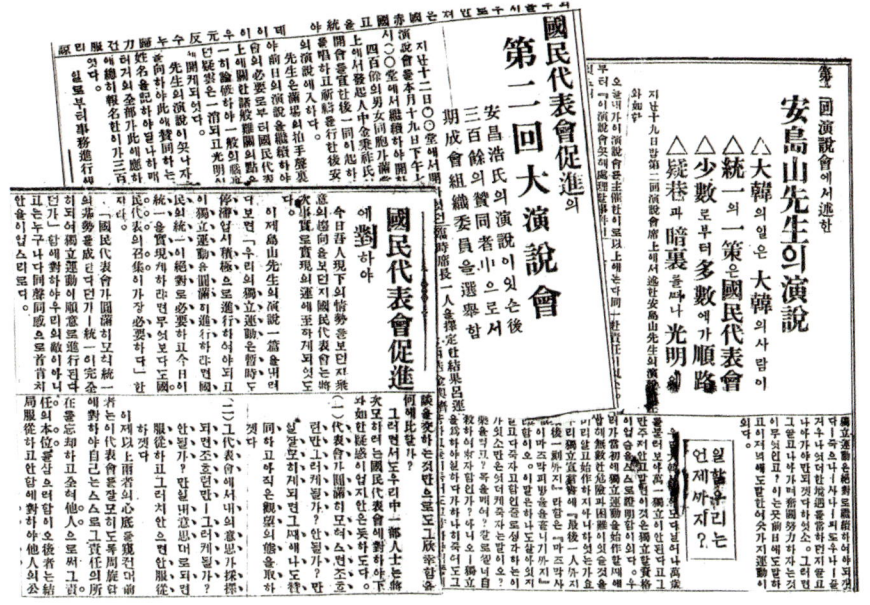

국민대표회의 개최를 촉구한 도산 연설 기사(독립신문, 1921.5.)

4장 대한민국의 아버지 -대한민국임시정부-

흥사단 제9회 싸우스벤 대회 기념
(1922)

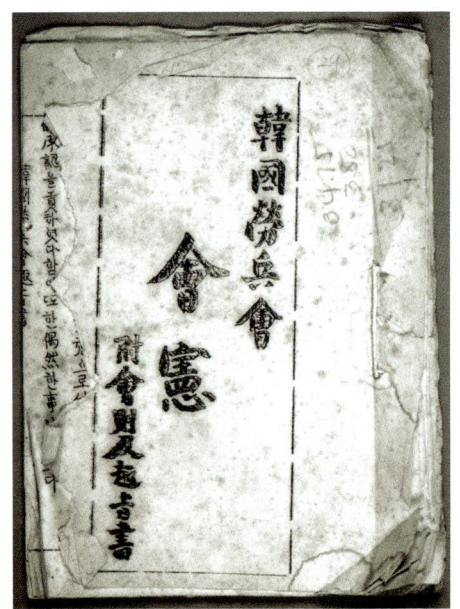

한국노병회 회헌(1922.10.)

1919년 4월 ~ 1924년 9월

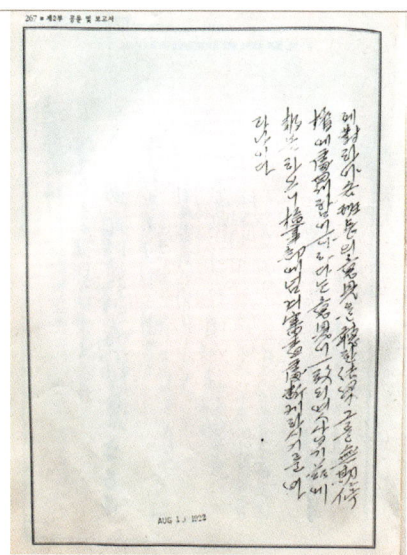

이광수 징계의견서 (1922.7.11.)

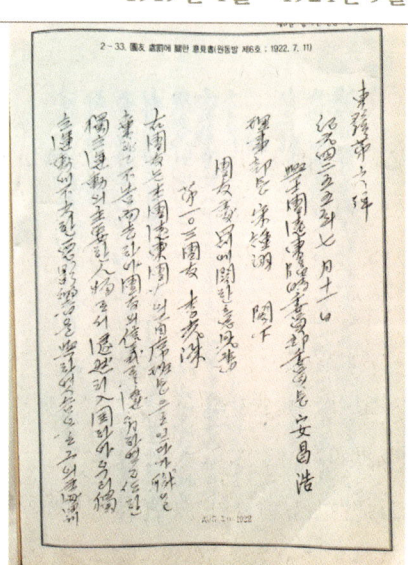

이광수 징계의견서 (1922.7.11.)

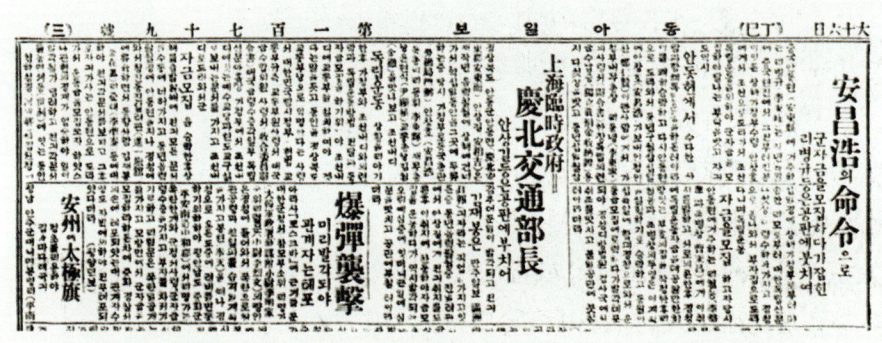

상해임정 교통국의 소식을 보도한 기사(동아일보, 1921.2.)

4장 대한민국의 아버지 -대한민국임시정부-

상해인성학교

인성학교 교사 및 학생들, 안창호는 인성학교 유지를 위해 심혈을 기울였으며 교장을 역임하기도 하였다.

1919년 4월 ~ 1924년 9월

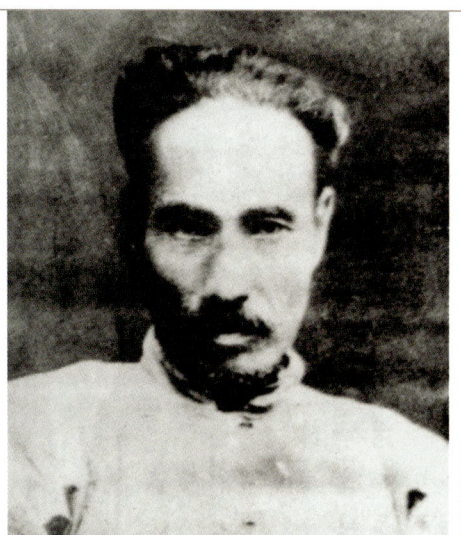

국민대표회의 의장 김동삼

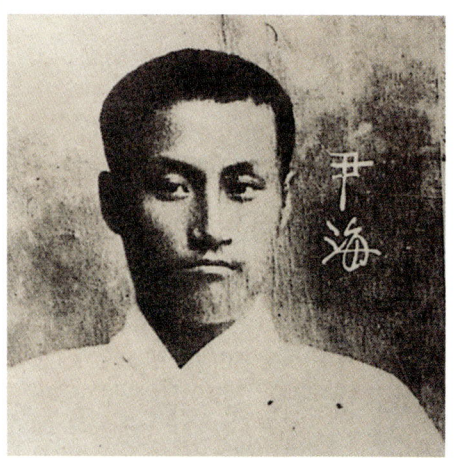

창조파를 주도한 윤해

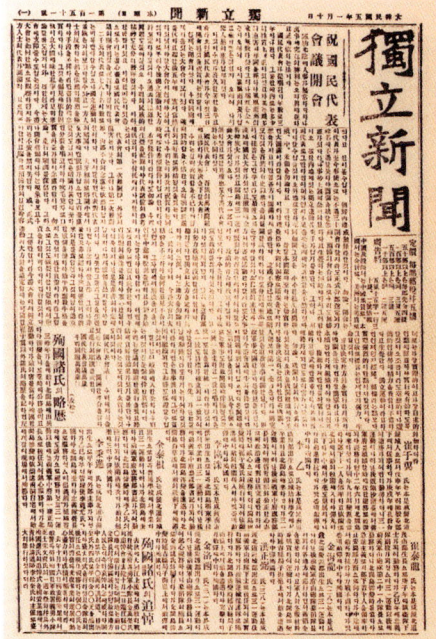

국민대표회 개회를 알리는 독립신문 기사
(1923.1.10.)

4장 대한민국의 아버지 -대한민국임시정부-

흥사단 제10차 연례대회(1923.12.28.)

남경에서 개최된 3.1운동 기념식

1919년 4월 ~ 1924년 9월

4장 대한민국의 아버지 -대한민국임시정부-

제10회 흥사단 원동대회를 마치고(1924.2.8.)

흥사단 제10회 원동대회(1924.2.8.)

1919년 4월 ~ 1924년 9월

동명학원 창립기념(1924.3.3.)

4장 대한민국의 아버지 -대한민국임시정부-

안창호가 미주 방문 때인 1925년 1월 23일부터 26일까지 동아일보에 연재된 '국내 동포에게 드림' 기사

남경 동명학원 교직원

1919년 4월 ~ 1924년 9월

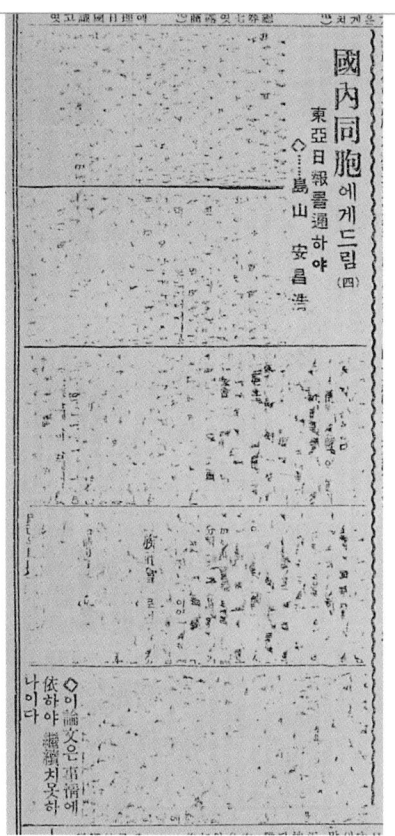

안창호가 미주 방문 때인 1925년 1월 23일부터 26일까지 동아일보에 연재된 '국내 동포에게 드림', 4회분 기사는 이에 삭제되었다.

4장 대한민국의 아버지 -대한민국임시정부-

리들리 한인정회 3.1절 기념(연도미상)

멕시코 흥사단우들의 제7회대회 기념(1920), 앞줄 왼쪽부터 김기창·미상, 뒷줄 이경상·강명원·이종오·김병식

1919년 4월 ~ 1924년 9월

미국 방문을 위해 상해에서 촬영한 여권 증명사진(1924)

제5장

대공주의 혁명 영수
-대혁명당운동-

1924년 10월~1932년 3월

5-1 (특대) 미주 동포사회 순방 중 캘리포니아 해변에 선 안창호(1925)

5장 대공주의 혁명 영수 -대혁명당운동-

도산연보

1924년
46세
- 11월 22일 상해를 떠나 샌프란시스코로 출발함.
- 11월 24일 중국인 안창호(晏彰昊) 이름의 중국 여권으로 상해를 출발하여 요코하마를 경유, 하와이에 가서 3일간 체류함.
- 12월 15일 샌프란시스코 이민국에 '도산은 공산주의자'라고 모함하는 투서가 접수됨.
- 12월 16일 샌프란시스코에 도착함. 이후 흥사단 조직 강화에 나섬.
- 12월 17일 샌프란시스코 한인감리교회가 개최한 환영회에서 연설함.
- 12월 21일 로스앤젤레스에 도착하여 오후에 로스앤젤레스 동포가 마련한 환영 만찬회에 참석함. 오후에는 청년회관에서 동포 환영회에 참석하여 연설함.

1925년
47세
- 1월 1~2일 로스앤젤레스 청년회관에서 개최된 흥사단 제11차 서부대회에 참가함.
- 1월 20일 이유필·조상섭에게 보낸 서한을 통해 임시정부의 과도기 수반으로 박은식과 이상룡을 추천함. 이상룡의 추천은 재만 한인 세력을 흡수하기 위한 조치였음.
- 1월 23~26일 《동아일보(東亞日報)》에 〈동포에게 보내는 글〉을 연재했으나 중도에 중단됨.
- 2월 초순 캘리포니아 중부 스탁턴과 북부 새크라멘토를 여행하며 동포 사회를 순방함.
- 2월 8일 로스앤젤레스로 돌아와 임시조국동포구제회의 공동대회에 참석함.

1924년 10월~1932년 3월

국내외 정세

1924년
- 11월 5일 청의 마지막 황제 부의(溥儀)가 자금성에서 추방당함.
- 11월 25일 김약수 등, 경성에서 사회주의 단체 북풍회를 조직함.
- 11월 26일 몽골인민공화국이 성립됨.
- 12월 17일 박은식, 임시정부 국무총리(대통령 직무대리)에 선임됨.

1925년
- 1월 이태리, 파시스트 정권이 수립됨.
- 1월 대한통의부, 만주 길림성 화천현에서 대한통의부 정의부(正義府)를 조직함.
- 3월 10일 임시정부, 구미위원부 폐지령을 내림.
- 3월 10일 김좌진·김혁 등, 만주 길림성에서 신민부(新民府)를 조직함.
- 3월 11일 임시대통령이승만심판위원회(위원장 나창헌)에서 임시대통령 이승만에 대한 심판서(임시대통령 이승만을 면직시킴)를 발의함.
- 3월 12일 중국 손문, 북경에서 병사함.
- 3월 13일 임시정부, 임시헌법 제21조에 의거하여 나창헌·문일

5장 대공주의 혁명 영수 -대혁명당운동-

도산연보

- 2월 19일 다뉴바와 리들리의 동포가 연합하여 개최한 환영회에서 연설을 함.
- 2월 말 중부 캘리포니아 지역을 순방하고 샌프란시스코를 거쳐 로스앤젤레스로 돌아옴.
- 4월 10일~5월 17일 솔트레이크, 덴버, 사우스밴드, 시카고, 필라델피아, 뉴욕, 뉴헤븐, 보스톤, 폴리버, 뉴욕 등 미국 중 동부 지방의 교포사회를 순회하고 5월 17일 뉴욕에서 떠남.
- 5월 17일 필라델피아에서 학생회의 환영회에 참석함.
- 5월 19일 필라델피아에 도착하여 5월 23~28일 서재필의 융숭한 대접을 받고, 29일에 시카고대학학생회에서 강연함.
- 5월 29일 뉴욕을 떠나 시카고에 도착함.
- 6월 3일 미국 이민국 검사관에게 대질신문을 받음.
- 6월 17일 시카고 한인학생대회에 참석하여 연설하고 학생들과 토론함.
- 6월 19일 예정보다 5~6개월 미주 체류기간을 더 연장하고자 이민국에 출국 연기를 신청함.
- 7월 11일 사우스밴에 도착하여 1박함.
- 7월 12일 시카고로 출발함. 캔자스 시티, 덴버, 빙햄을 거쳐 장리욱과 함께 몰몬교의 본산인 솔트레이크를 답사하고 모범촌('이상촌') 건설을 위한 조사와 정보를 수집함.
- 7월 28일 장리욱과 함께 샌프란시스코로 도착. 서재필과 흥사단 단소에서 면담함.
- 7월 31일 장리욱·김양수(조선일보 주필)와 함께 로스앤젤레스에 도착함.
- 8월~11월 샌프란시스코에서 스탁턴, 다뉴바, 새크라멘토, 샌프란시스코, 보스톤, 폴리버 한인 벼농장을 순회함.

1924년 10월~1932년 3월

국내외 정세

민·임득산·최석순 등 흥사단 단우 4인을 포함한 10인의 의원 명의로 임시대통령 이승만탄핵안이 상정됨.
- 3월 18일 임시의정원에서 '임시대통령 이승만 탄핵안'을 의결함.
- 3월 23일 임시정부, 이승만 임시대통령을 탄핵하고 박은식을 3대 임시대통령으로 선출함.
- 3월 24일 임시의정원에서 박은식이 제2대 임시대통령으로 취임함.
- 4월 7일 임시정부, 내각책임제로 헌법을 개정함.
- 4월 17일 조선공산당이 창립됨.
- 4월 18일 박헌영 등, 고려공산청년회를 조직함.
- 5월 7일 일제, 치안유지법을 공포함.
- 5월 15일 백남훈·안재홍 등, 조선사정연구회를 조직함.
- 5월 27일 이유필, 만주로 특파되어 정의부의 이탁·김동삼·오동진 등과 면담하고 참의부를 방문함.
- 6월 6일 총독부에서 조선사편수회를 설립함.
- 6월 11일 봉천 군벌과 일제 사이에 삼시협정(三矢協定)을 체결함.
- 7월 1일 중국, 광동(廣東)정부를 수립함.
- 7월 7일 임시의정원에서 이상룡을 초대 국무령으로 선출함.
- 8월 김기진·박영희 등, 조선프롤레타리아예술가동맹(KAPF)을 결성함.
- 9월 27일 이상룡, 임시정부 국무령에 취임함.
- 10월 11일 경성의 수양동맹회와 평양의 동우구락부가 2차 토론을 거쳐 합동 원칙에 합의함(11월 총회에서 합동을 공식 승인).
- 11월 27일 박헌영·임원근 등 공산당 간부가 다수 검거됨(제1차 공산당사건).

5장 대공주의 혁명 영수 -대혁명당운동-

도산연보

- 11월 14일 샌프란시스코에 도착하여 동지들과 독립운동 자금 조달 문제 등을 협의함.

1926년
48세

- 1월 8일 수양동맹회와 동우구락부가 수양동우회(修養同友會)로 통합함.
- 1월 흥사단 단우 이탁이 미국 방문 중인 도산과 사전 협의한 길림성 맥목현 교하(蛟河) 부근의 주전을 매수하기 위해 그 지역 일대를 답사함.
- 2월 초순 다뉴바, 태프트, 스탁턴 지방의 동포를 방문하고 로스앤젤레스로 돌아옴.
- 3월 2일 중국에서 독립운동을 하기 위해 샌프란시스코에서 출발함,
- 3월 8일 하와이 호놀룰루에 도착함.
- 3월 13일 하와이에서 체류하기 위해 이민국장과 면담했으나 거절당함.
- 3월 23일 경유지인 호주 시드니에 도착하여 개척지에 대한 자료를 수집함.
- 4월 14일 시드니 출발, 16일 브리스베인에 도착함.
- 4월 22일 홍콩에 도착함.
- 5월 8일 안창호가 없는 가운데 임시의정원이 도산을 제3대 국무령에 선임함.
- 5월 16일 상해에 도착하여 국무령 취임 거부의 뜻을 전달함.
- 5월 20일 수양동우회, 도산의 뜻에 떠러 국내에서 《동광(東光)》 잡지 창간호 발행하고 도산은 산옹(山翁)이라는 필명으로

1924년 10월~1932년 3월

국내외 정세

- 12월 18일 소련공산당, 스탈린의 1국사회주의를 채택함.
- 12월 23일 중국, 국민당 우파가 국공합작에 반대하여 서산에서 회합함.

1926년
- 1월 4일 중국국민당. 장개석을 중앙집행위원장에 선출함.
- 1월 6일 조선총독부, 경복궁 새 청사로 이전함.
- 2월 18일 임시정부, 국무령 이상룡이 사임하고 만주로 돌아감.
- 2월 28일 의정원에서 이상룡을 국무령에서 면직하고 양기탁을 임명함.
- 3월 18일 북경에서 학생·시민 국민대회를 열고 군벌 정부 반대, 군경 발포로 50여 명이 사망함.
- 3월 20일 중국 장개석, 중산함 함장 이지룡 등 공산당원을 체포, 중산함사건이 일어남.
- 4월 5일 양기탁 등, 만주에서 고려혁명당을 조직함.
- 4월 29일 순종, 사망함.
- 4월 29일 양기탁, 조각의 어려움으로 제2대 국무령을 사퇴함.
- 6월 10일 순종 국장을 거행, 6·10만세운동이 일어남.
- 6월 26일 여운형, 중국 광동에서 한인혁명군을 조직함.
- 7월 1일 《동광》 3호 원고가 일제에 의해 전량 압수됨.
- 7월 8일 홍진, 임시정부 제4대 국무령에 취임함.
- 7월 9일 중국 장개석, 국민혁명군 총사령관에 취임하고 북벌을 선언함.
- 8월 24일 성악가 윤심덕, 극작가 김우진과 현해탄에서 투신, 동반자살함.
- 9월 8일 독일, 국제연맹군에 가입, 상임이사국이 됨.

5장 대공주의 혁명 영수 -대혁명당운동-

도산연보

기고하기 시작함. 1927년 8월 통권 16호를 발간하고 휴간함.
- 6월 26일 남경에 도착함,
- 7월 8일 상해 삼일당에서 〈임시정부 존립과 대혁명당 조직〉에 대한 연설회를 개최함. 이 연설의 내용은 1926년 10월 13일 임시정부 기관지 《독립》에 〈대혁명당의 흉도(胸度)〉라는 제목으로 발표되고 《신한민보》에 1926년 10월 14일, 10월 21일, 10월 28일, 11월 4일자 등 4번에 걸쳐 연재되었음. 도산은 이 연설을 통해 '민족유일독립당' 조직을 제안함.
- 7월 19일 삼일당에서 임시정부경제후원회 창립총회 개최하고 위원장에 선출됨.
- 7월 22일~8월 임시정부경제후원회의 업무 수행을 위해 김종상을 대동하고 남경으로 가서 2일간 체류함. 다시 1개월 가량 천진, 봉천, 장춘, 김림, 하얼빈, 영고탑 지방을 시찰하고 돌아옴.
- 9월 7일 대독립당의 결성을 협의하고 모범촌 후보지를 물색하기 위해 북경을 출발함.
- 9월 11일 김창세와 함께 북경에 도착하여 원세훈·장건상 등과 만나 유일독립당 성립을 위한 활동을 전개함. 대동단결에 의거한 민족유일독립당(民族唯一獨立黨) 추진에 합의하고 각처를 순회하며 유일독립당 결성을 강연함.
- 9월 26일 3남 필영(必英)이 출생함.
- 10월 16일 '대독립당조직북성촉성회'를 결성함.
- 12월 유기석을 동반하고 유일당운동과 이상촌 후보지를 탐색하기 위해 북경에서 만주로 출발함.

국내외 정세

- 10월 1일 나운규 감독·각본·주연의 〈아리랑〉이 단성사에서 상영됨.
- 11월 4일 조선어연구회 '한글날(가갸날)'을 제정함.
- 11월 15일 상해 사회주의자동맹이 유일독립당 조직에 찬성할 것을 결의함.
- 12월 14일 김구, 임시정부 제5대 국무령에 취임함.
- 12월 25일 일본, 유인(裕仁, 히로히토) 국왕이 즉위하고 소화(昭和)로 개원함.
- 12월 28일 의열단 나석주, 식산은행·동양척식회사에 폭탄을 던지고 자결함.
- 12월 조선공산당 만주총국, 〈조선민족해방운동의 근본문제〉라는 문건을 발표함. 민족유일전선 형성의 시급함을 논하고 민족혁명당 결성을 촉구함.

5장 대공주의 혁명 영수 -대혁명당운동-

도산연보

1927년
49세

- 1월 14일 유기석을 대동하고 만주 길림에 도착, 흥사단 단우 이탁과 함께 한인 모범촌 건설 후보지로 동경성(東京城)과 경박호(鏡泊湖) 일대를 답사함.
- 1월 16일 수양동우회, 회진흥방침연구위원회를 구성하고 조병옥·주요한·이광수를 위원으로 선임함(이광수는 곧 사임).
- 1월 27일 최명식이 경영하는 대동공사에서 〈조선 독립운동의 과거와 현재〉라는 제목으로 연설함. 연설 도중 동지 200명과 함께 중국 경찰에 피체되어 21일 만에 42명 전원이 석방됨.
- 2월 만주 각지를 순회하며 민족의 대동단결을 호소하는 강연을 함.
- 3월 21일 도산이 추진한 한국유일독립당 상해촉성회가 결성됨.
- 4월 1일 길림성 대동문 밖 대동공사에서 만주 이주 한인의 생활 안정과 단결을 위해 김동삼·김진호·김호·손정도·현정경·이탁(李拓)·최명식·곽문·김이대 등 35명과 함께 협동조합 성격의 농민호조사(農民互助社)를 결성함.
- 4월 10일 흥사단산악회, 서울 노량진 사육신묘에서 창립하고 첫 행사를 실시함.
- 4월 15일 길림성 영길형 이탁(李鐸)의 집에서 3부 통합을 위한 신안둔(新安屯) 회의에 참석함. 제1차 회의가 개최되어 만주 지역의 3부 통합과 민족유일당 결성 운동이 본격화 됨. 정의부 중앙위원 김동삼·오동진·이광민 등 12명, 남만청년총동맹의 박병희 등 10여 명, 한족노동당 김응섭 등이 이 회의에 참석하여 민족유일독립당 추진을 설명하고 3부 통합을 토의함.
- 5월 8일 한국유일독립당 광동(廣東)촉성회를 결성함.
- 7월 1일 북만주 일대의 독립운동 근거지 설치 후보지역을 답사하고 만주동포들의 비참한 상태를 목도함.
- 7월 2일 하얼빈을 떠나 송화강 일대 독립운동 근거지 설치 후

국내외 정세

1924년 10월~1932년 3월

1927년
- 2월   브뤼셀에서 국제반제국주의·민족독립지지동맹 창립대회가 개최됨.
- 2월 10일   조선어연구회, 《한글》을 창간함.
- 2월 15일   좌우익 합작의 항일단체인 신간회(新幹會)가 창립됨(회장 이상재).
- 2월 16일   정동 경성방송국에서 첫 방송을 송출함. 호출부호는 JODK
- 3월 5일   임시정부, 제3차 개정 대한민국 임시약헌을 공포함. 유일독립당에 의한 이당치국(以黨治國) 형태를 도입함.
- 3월   인도 델리에서 전인도노동조합 대회, 반 영국 인종차별 철폐를 결의함.
- 3월 24일   중국, 국민혁명북벌군이 남경을 점령함.
- 4월 12일   중국 장개석, 상해에서 반공쿠데타를 일으키고 반공 남경국민정부를 수립함.
- 5월 27일   김활란·고황경·박순천·황신덕 등이 신간회 자매단체 근우회(勤友會)를 창립함.
- 5월 28일   일본 관동군이 산동반도에 출병함.
- 7월 13일   중국공산당, 국민당을 탈당함(국공 분열).
- 8월 1일   경성무선국, 통신을 개시함.
- 9월 9일   중국 모택동, 정강산에 혁명 근거지를 구축함.
- 12월 10일   조선총독으로 산이반조(山梨半造, 야마니시)가 부임함.
- 12월 11일   중국 공산당, 관동에서 무장 봉기함.
- 12월 15일   중국, 대(對)소련 국교 단절을 통고함.

5장 대공주의 혁명 영수 -대혁명당운동-

도산연보

보지를 답사함.
- 7월 초 한국유일독립당 무한(武漢)촉성회를 결성함.
- 8월 1일 《동광》 잡지, 통권 16호를 내고 휴간함.
- 8월 16일 북만주에서 상해로 귀환하여 삼일당에서 가진 환영회 석상에서 재만동포의 비참한 상황에 대해 토로함.
- 9월 16~25일 국내의 주요한을 상해로 불러 차리석·조상섭 등 원동위원부의 지도부와 함께 수양동우회의 진로와 규약 개정 문제를 논의함.
- 9월 27일 한국유일독립당 남경촉성회 결성. 상해 촉성연합회 결성을 위한 각지 촉성회 대표회의를 제안함.
- 11월 9~22일 상해에서 북경·상해·광동·무창·남경의 대표들과 한국독립당관내촉성회연합회를 개최함.
- 12월 17~18일 수양동우회 의사회에서 회 진흥방침 초안과 규약 개정안을 일부 수정하여 통과시킴.
- 12월 24일 재만동포 구축사건으로 곤란을 겪는 재만 동포의 옹호와 지원 문제로 상해 동포대회를 개최함.

1928년
50세
- 1월 2~16일 상해에서 조병옥을 만나 수양동우회 규약 개정안에 대해 반대하며 대공주의(大公主義)를 약법에 삽입할 것을 주장함.
- 봄 무렵 다시 길림성 일대를 답사하여 송화강 연안 경박호 일대에 한인 모범촌 건설 후보지를 선정함.
- 5월 20일 중국 《世界新聞(세계신문)》과 《中央日報(중앙일보)》에 양국 합작을 요구하는 〈告中國革命同志(고중국혁명동지)〉 논설을 게재하고 중국과의 협동전선을 제안함(5월 15에 작성).

1924년 10월~1932년 3월

국내외 정세

1928년
- 1월 한국독립당 관내촉성회연합회, 만주 지역에서의 민족유일독립당 결성을 촉진하기 위한 촉성회연합회 대표로 홍진을 중국본부한인동맹 대표로 길림성 반석현에 파견함.
- 2월 12일 김마리아 등 미주의 한국 여학생들이 독립운동을 후원하기 위해 근화회(槿花會)를 조직함.
- 3월 15일 일본, 공산당원을 일제히 검거함.
- 3월 30일 소련정부가 중앙아시아의 농업 개발을 위해 블라디보스토크 한인 300명을 이주시킴.
- 5월 12~26일 만주 길림성 반석현과 화전현에서 18개 독립운동

5장 대공주의 혁명 영수 -대혁명당운동-

도산연보

- 7월 7일 수양동우회, 조병옥·주요한 등이 마련한 수양동우회 규약 수정안이 부결됨.
- 8월 21~23일 상해 중서여숙 대강당에서 흥사단 제15회 원동대회를 개최함.
- 12월 20일 수양동우회 이사회에서 주요한과 조병옥이 규약 개정에 따른 선언서를 기초하기로 함.
- 12월 20일 연희전문 축구단이 상해 원정경기를 위해 상해에 왔을 때, 학생들에게 훈화하는 가운데 "개인은 제 민족에 봉사함으로써 자신에 대한 의무와 인류에 대한 의무를 완수한다"라고 하는 요지로 자신의 인생관을 피력함. 이 훈화의 요지가 대공주의(大公主義)로 알려짐.

1929년
51세

- 2월 8일 〈미국에 재류하는 동지 여러분에게〉('격문')라는 서한을 통해 흥사단은 수양단체가 아니라 한국의 혁명을 중심으로 하여 투사의 자격을 양성하고자 하는 혁명훈련 단체임을 천명함.
- 2월 9일 필리핀 한인 초청으로 김창세와 함께 필리핀으로 출발함. 필리핀에 대한인국민회 지부를 설치, 필리핀 총독부를 방문하여 한인의 이주를 논의함. 마닐라에서 발행하는 재필리핀 중국인 신문 《민초보(民草報)》에 논설을 게재하고 한국혁명전략의 장래와 중국혁명에 대한 감사를 표함.
- 3월 1일 필리핀 마닐라에서 대한인국민회 필리핀지부 주관의 한인 동포가 주관하는 삼일절 기념식에 참석하여 독립선언서를 낭독하고 연설함.
- 3월 30일 필리핀에서 중국으로 귀환하는 도중 필리핀의 여러 섬을 돌아봄.

국내외 정세

1924년 10월~1932년 3월

　단체 대표 39명이 모여 전민족유일당조직촉성회를 개최함.
- 6월 4일 중국 장작림(張作霖), 일본의 열차 폭파로 사망함.
- 6월 29일 치안유지법을 개정하여 공포함.
- 9월 1일 함경선(咸鏡線, 원산-종성) 철도가 개통됨.
- 9월 하순부터 길림현 신안둔에서 정의부 주관으로 통합회의가 개최되었으나 11월에 결렬됨.
- 10월 16일 박용만, 밀정으로 오인되어 중국 북경에서 의열단원에게 피살됨.
- 12월 27일 코민테른(Commintern)에서 12월 테제를 발표, 조선공산당 승인을 취소하고 재건 명령을 하달함.

1929년
- 1월 1일 인도국민회의, 자치를 결의함.
- 1월 13일 원산 총파업이 일어남.
- 2월 11일 이탈리아, 바티칸시국의 독립을 승인함.
- 3월 28일 인도의 시인 타고르, 《동아일보》에 〈조선은 아세아의 등촉〉을 기고함.
- 3월 정의부·참의부·신민부, 만주 길림성에서 자치기관으로 국민부를 조직함.
- 4월 1일 여의도비행장이 개장됨.
- 4월 남민주 한인사회 자치기관으로 국민부가 결성됨. 정의부의 주류와 신민부 민정파, 참의부 일부가 규합함.
- 7월 1일 신간회, 전국 대표대회를 개최함.
- 7월 김좌진 등, 만주에서 신민부를 토대로 한족총연합회를 조직함.
- 7월 좌파세력이 유일당에서 탈퇴함.

5장 대공주의 혁명 영수 -대혁명당운동-

도산연보

- 4월 초 중국 국민당 제3차 전국대표대회(남경)에서 한국대표단을 조직해 참석, 한국 민족과 중국 양국의 항일독립군 조직을 제안함.
- 4월 민족주의 단체들만이라도 통일하기 위하여 '대한대독립당 주비회'를 구성함.
- 5월 16일 《신한민보》가 도산이 필리핀 마닐라 방문 중 중국인 신문 《민초보》에 게재한 〈한국의 혁명 방략〉에 관한 글을 번역하여 개요를 실음.
- 9월 13일 차리석·신언준 등과 함께 수양동우회 약법 수정안을 마련함.
- 10월 26일 상해 유일당촉성회의 해체를 선언함.
- 11월 23일 수양동우회, 규약을 개정하고, 회의 명칭에서 '수양'자를 빼고 동우회(同友會)로 변경함. 목적을 '조선 신문화 운동'에서 '신조선 건설 운동'으로 고침. 도산이 제시한 대공주의 관련 용어를 삽입하고 한국의 현실에 대한 관심과 참여를 표명함.
- 11월 국내 광주학생의거 소식을 접하고 독립운동단체 규합의 적기로 판단함. 유일당 원칙에 찬동하는 각 단체를 규합하여 한국독립당(韓國獨立黨) 결성에 착수함.

1929년
51세
- 1월 1~2일 상해 프랑스 조계 인화의원에서 16차 흥사단 원동대회를 개최함.
- 1월 중순 상해 각 단체를 규합하여 한인 각단체연합회를 조직하여 전민족적 운동을 전개하자는데 일치했으나, 임시정부의 반대로 2월 말에 해산함.
- 1월 25일 상해 프랑스 조계 마랑로 보경리 4호의 임시정부 사무실에서 민족주의자 28명의 발기로 한국독립당을 창당함. 이

1924년 10월~1932년 3월

국내외 정세

- 10월 24일 미국, 주식시장 주가가 폭락함. 세계 대공황이 시작됨.
- 10월 26일 상해의 사회주의 독립운동가들이 코민테른 '12월 테제'에 부응하여 사회주의자들만의 유호한국독립운동자동맹(留滬韓國獨立運動者聯盟)을 결성함.
- 10월 30일 광주-나주 간 통학열차 안에서 일본 학생과 한국 학생이 충돌함.
- 11월 3일 광주학생운동이 시작되어 전국으로 확대됨.
- 11월 4일 신간회, 광주학생운동 진상 조사를 위해 김병로·허헌 등을 광주에 파견함.
- 12월 13일 민중대회사건으로 신간회 및 근우회 간부 다수가 검거됨.
- 12월 31일 인도국민회의, 대중적 불복종운동을 결의함.
- 12월 국민부, 남만주 요녕성 신빈현에서 혁명정당으로서 조선혁명당이 결성됨.
- 12월 베트남 호지명(胡志明), 인도차이나 공산당을 결성함. 반프랑스 독립운동을 전개함.

1929년
- 1월 24일 김좌진, 북만주에서 공산주의자에게 암살당함.
- 1월 8일 전국에서 학생들의 만세시위운동이 일어남.
- 2월 3일 베트남공산당, 중국 홍콩에서 창립됨.
- 2월 유일독립당 남경촉성회가 해체됨.
- 3월 12일 인도, 간디의 지도하에 원탁회의 거부, 제2차 비폭력 불복종운동을 전개함.
- 5월 17일 동우 이탁(李鐸), 심장마비로 상해 하비로 고려물산

5장 대공주의 혁명 영수 -대혁명당운동-

도산연보

동녕·안창호·김두봉·안공근·조완구·조소앙·이유필 등 7인의 기초위원이 기초한 당의·당강은 대공주의의 정치·경제·교육 평등('균등')이 골간을 이루었음. 28인의 발기인은 이사장 이동녕, 이사 안창호·김구·조완구·김철·조소앙·이시영, 비서 엄항섭, 이유필·윤기섭·김두봉·송병조·안공근·김붕준·장덕로·박창세·최석순·이탁(李鐸)·김홍서·선우혁 외 8명으로서 흥사단 단우가 14명에 달했음.

- 1월 26일 흥사단 원동위원부 단우 18명과 함께 소비 합작사 설립에 착수함.
- 2월 27일 모친(황몽은)이 강서군 동진면 고일리 자택에서 별세함.
- 3월 말 천진으로 가서 박용태 등과 회합하고 독립운동전선통일 방침에 대하여 협의함.
- 4월 5일 만주·노령·미국 각지에 산재한 운동 단체들의 대표대회를 6월 상순경 천진에서 개최하고자 한다는 소식을 알리는 선언서를 각 단체에 배포하고 흥사단 단우를 통신원으로 파견함.
- 6월 15일 천진에서 박용태의 주도로 대한대독립당주비회 명의의 한자신문 기관지 《朝鮮之血(조선지혈)》 창간호를 발간함. 일본 제국주의를 한·중 혁명 공동의 적으로 규정하고 '민족평등'에 대해 언급함. 이때 유기석은 이 신문의 고문으로 활동하며 도산의 대독립당 결성 운동을 도와줌.
- 6월 21일 상해 흥사단 단소에서 39명이 참석한 가운데 〈흥사단의 장래 방침〉에 대해 강연함.
- 7월 1일 배편으로 천진에 가서 배천택·송호·박관해 등 청년 민족주의자들과 독립운동전선 통일운동을 협의함.
- 9월 25일 한교(韓僑) 전체대회에서 한중 연대와 한중 동맹군 결성을 호소함.

국내외 정세

1924년 10월~1932년 3월

　농사에서 별세함.
- 6월　중국공산당, 이립삼노선을 채택, 도시폭동이 일어남.
- 7월 26일　홍진·지청천 등, 길림에서 한국독립군을 조직함.
- 7월 29일　중국, 장사(長沙) 소비에트정부를 수립함.
- 9월　프로핀테른(국제적색노동조합) '9월 테제'를 채택함. 조선 혁명적 노동조합의 부르조아와 연합을 반대함.
- 12월 13일　조선어학회, 한글맞춤법통일안 제정을 결의함.
- 12월　중국 국민정부, 제1차 소비에트지구 토벌을 시작함.

5장 대공주의 혁명 영수 -대혁명당운동-

도산연보

- 11월 3일 상해 성덕학교에서 광주학생운동 1주년 기념식에 참석하여 연설함.
- 12월 흥사단 단우 중심으로 자활과 자위를 위한 경제합작운동 단체인 동인호조사(同人互助社) 창립 계획안을 발표함.

1931년
53세

- 1월 1일 《동광》 잡지 제17호를 속간하여 1933년 1월 23일 통권 40호로 종간함.
- 1월 6~7일 상해 법계 노신부로 17호 기독교단에서 흥사단 제17회 원동대회를 개최함.
- 3월 25일 동인호조사를 공평사(公平社)로 개칭하고 흥사단 원동임시위원부에서 창립총회를 개최함.
- 5월 11일 중국 국민당 전당대회에 박찬익과 함께 대표로 참석하여 한국 독립과 중국 혁명에 밀접한 관계를 역설함.
- 5월 12일 임시정부 명의로 〈동삼성 한교문제〉라는 중국어 팜플렛을 작성하여 각 현의 관공서에 배부함. 중한은 공존 공영해야 함은 물론 항일 연합 전선을 구축하여 공동으로 일제를 물리쳐야 한다고 호소함.
- 5월 중국 국민당 국민회의에 대표로 파견되어 한국 독립과 중국 혁명과의 연계를 역설하고 한국 독립운동에 대한 지원을 요청함.
- 7월 초 국내에서 일어난 화교 배척 사건(7월 3일, 인천에서 시작)이 장래 중국 거주 하인의 사활에 매우 중요한 문제라고 보고 임시정부에서 국무위원 이동녕·조완구·김철 등과 함께 여러 차례 대책을 협의함.
- 7월 10일 일제가 만보산사건(7월 3일)을 조작하여 한국과 중국 민족을 이간시키려 한 데 대해 깊은 유감을 표하고, 중국어

국내외 정세

1924년 10월~1932년 3월

1931년
- 1월 10일 조선어연구회, 조선어학회로 개칭함.
- 1월 12일 인도에서 대폭동이 일어나고 간디 등이 석방됨.
- 5월 15일 신간회, 전국대회에서 해체하기로 결의함.
- 5월 16일 중국 장개석, 제2차 공산군 토벌전을 개시함.
- 5월 28일 중국 왕조명·이종인 등이 장개석에 대항하여 광동에 국민정부를 수립함.
- 6월 17일 조건총독에 우원일성(宇垣一成, 우가키)이 부임함.
- 6월 동아일보사, 브나로드 운동을 시작함.
- 7월 2일 길림성 만보산에서 한·중 농민이 충돌하여 만보산사건(萬寶山事件)이 발생함.
- 7월 9일 상해 한인 단체들의 인물들이 상해 대한교민단에 모여 만보산 사건에 대해 토의하고 한인각단체연합회를 재조직함. 흥사단·애국부인회·병인의용대·소년척후대·소년동맹·한인예수교회 등의 주요 인물 30여 명이 참여함.
- 7월 28일 중국 국민당, 만보산사건은 일본인의 사주에 의한 것임을 설명함.
- 9월 18일 일본 관동군, 류조구 만철 선로를 폭파, 만주사변이 발발
- 11월 중외일보가 해산되고 중앙일보가 창간됨.
- 11월 경성제국대학 학생들이 반제동맹사건으로 다수가 검거됨.
- 11월 7일 중국 모택동, 중화소비에트 임시 중앙정부 수립

5장 대공주의 혁명 영수 -대혁명당운동-

도산연보

　　공동 성명을 발표하여 중국인은 냉철하게 사태를 조사하여 선동에 넘어가지 않도록 호소함.
- 7월 17~22일　동우회, 평양 오촌리와 대동강 선상에서 제1회 하기수양회를 실시함.
- 7월 18일　상해의 각 운동 단체와 중국 측과의 적극적 교섭을 위해 상해한인각단체연합회를 재결성함. 광동정부와 함께 한·중 대일전선통일동맹의 결성을 추진함.
- 9월 18일　도산과 긴밀한 연락을 가진 길림성의 한국독립군이 중국호로군(中國護路軍)과 한중항일연합군(韓中抗日聯合軍)을 편성하여 일본군에 항전함.
- 9월 25일　상해한인각단체연합회에 흥사단 대표로 참석하여 한중 양 민족의 공동투쟁을 추진하기 위한 결의안을 채택함.
- 4월 무렵　만주사변 중에 〈중국 동포에게 알리는 글(敬告中國同胞書)〉를 발표함.
- 10월 27일　중국 국민당정부와 중국의 각 운동 단체와 한중합작 항일투쟁기구를 조직하고자 중국 대표들을 초대하여 시국대책에 대해 연설함. 〈중국 동포에 경고한다〉는 문서를 배포하여 한·중 연합투쟁을 제안함.
- 11월 6일　미주의 홍언에게 보낸 서한을 통해 항일운동 전략과 '대공주의(大公主義)'에 대한 이론을 작성해 보냄.
- 11월 7일　흥사단 원동임시위원부, 상해 단소에서 만보산 사건으로 인한 동포의 조난 문제에 대해 논위하고 실태조사원 파견, 금품의 기부, 추도회 새최 등을 결의함.
- 11월　중국 국민당 좌파(광동정부) 왕정위(汪精衛)를 방문하여 한둥합작 항일운동에 관한 양해를 받아내고 대일전선통일동맹이라는 합작기구의 조직을 협의함.

국내외 정세

1924년 10월~1932년 3월

- 12월 15일 중국 장개석, 하야함.
- 김구, 요인 암살을 목적으로 한인애국단을 조직함

5장 대공주의 혁명 영수 -대혁명당운동-

도산연보

- 12월 초 흥사단본부에서 민족진영만으로 중국측과 한일 공동 전선을 형성할 조직체인 대일전선통일동맹(對日戰線統一同盟)을 결성함.

1932년
54세
- 3월 25일 상해에서 제18차 흥사단 원동대회를 개최함. 〈원동 단우의 당면 공작〉이라는 강연에서 직접적 대일항전인 특별공작을 원동흥사단이 할 것을 언급함.

국내외 정세

1932년
- 1월 1일 중국 장개석, 왕조명과 함께 신국민정부를 수립함.
- 1월 8일 동경에서 이봉창 의거가 일어남. 이 의사가 일본천황에게 폭탄을 던졌으나 실패하고 체포됨.
- 1월 11일 상해교민단 단장이 김구에서 이유필로 바뀜.
- 1월 28일 일본군, 상해를 점령함(상해사변).
- 2월 16일 국제연맹, 일본에게 상해에서의 전투행위 중지를 요구함.
- 2월 조선혁명단군, 중국혁명군과 합작하여 한·중연합군을 조직함.
- 3월 1일 일본, '만주국'을 건국함. 9일 부의(溥儀)가 만주국 집정에 취임.

5장 대공주의 혁명 영수 -대혁명당운동-

미주 교포사회 순회 중 한인농장을 방문한 도산(1925)

1924년 10월 ~ 1932년 3월

필리핀 방문 여권에 사용한 사진(1929.2.)

5장 대공주의 혁명 영수 -대혁명당운동-

미주 홍사단 단우들과 함께(1925), 왼쪽부터 박영갑·함병찬·최Ada·안창호·미상·황사용·홍언

홍사단 11차 연례대회(1925.1.1.) 도산이 미주에 도착한 후에 참석한 홍사단대회

1924년 10월 ~ 1932년 3월

미주 동포사회 순방 중 캘리포니아 해변에 선 안창호(1925)

5장 대공주의 혁명 영수 -대혁명당운동-

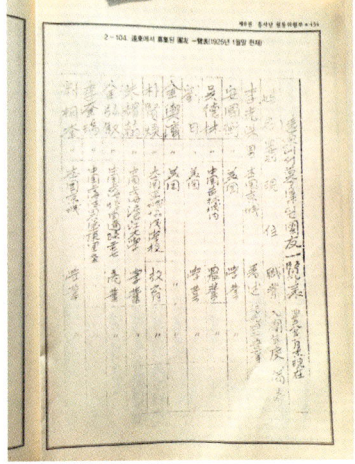

단우일람표(1924)

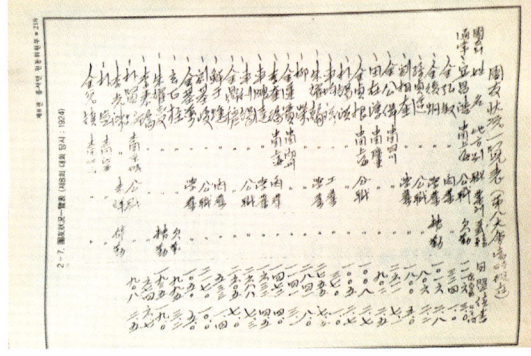

단우상황일람표 1 (1924)

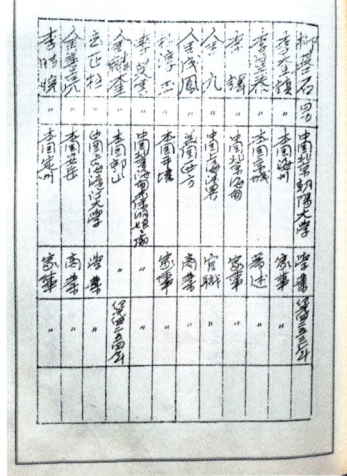

단우일람표 2 (1925)

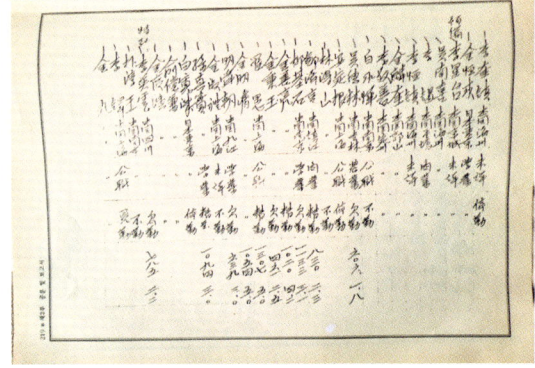

단우상황일람표 2 (1924)

1924년 10월 ~ 1932년 3월

대한민국 임시정부 2대 대통령으로 선출된 박은식
(1925.3.23.)

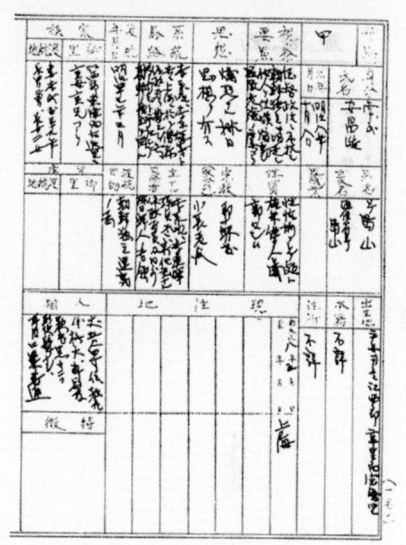

조선총독부가 작성한 요시찰인명부(1925.2.)

병인의용대에서 활약하던 흥사단원 나창헌

1925년경 임시정부에서 활약할 당시의 이유필

5장 대공주의 혁명 영수 -대혁명당운동-

도미중 흥사단 단소에 걸려있는 대형 태극기 앞에서 조국의 장래를 구상하는 안창호 (1925)

1924년 10월 ~ 1932년 3월

흥사단 단소 뜰에서 안창호(1925)

미주 여행중 동행한 장리욱과 함께
(1925)

5장 대공주의 혁명 영수 -대혁명당운동-

미국 서재필의 자택앞에서(1925)

미국에서 다시 만난 서재필

1924년 10월 ~ 1932년 3월

흥사단 이사부장으로 도산의 원동사업을 지원한
한승곤

미주 방문 당시의 안창호(1925년경)

5장 대공주의 혁명 영수 -대혁명당운동-

캔자스시티 과수원 서재에서 장리욱과 함께(1925)

캔사스시티 한인 과수원에서(1925년경)

1924년 10월 ~ 1932년 3월

김마리아(왼쪽)와 차보석(차리석의 누이동생, 1925년경)

한인이 경영하는 농장을 방문하며(1925)

5장 대공주의 혁명 영수 -대혁명당운동-

흥사단 중서부지역 제12차 대회(시카고, 1925.12.30.)

흥사단 제12차 연차대회(1926.1.1.)

1924년 10월 ~ 1932년 3월

뉴욕 흥사단대회 기념(1926년경)

5장 대공주의 혁명 영수 -대혁명당운동-

1926 초 흥사단대회 추정

안창호 한승곤 장리욱(1926)

1924년 10월 ~ 1932년 3월

미국을 방문했을 때 흥사단에서 기념으로 받은
은제컵(1925년)

다뉴바 흥사단 대회 기념(연도 미상)

5장 대공주의 혁명 영수 -대혁명당운동-

산페드로항에서 하와이로 가는 S.S.소노마호를 탄 도산 (1926)

산페드로항에서 하와이로 가는 S.S.소노마호를 탄 도산(1926)

1924년 10월 ~ 1932년 3월

하와이 호놀룰루에 잠시 체류할 때 동료들의 저녁초대 석상에서(1926)

살길을 찾아 만주로 떠나는 한인 이주민들

5장 대공주의 혁명 영수 -대혁명당운동-

도산의 연설회가 자주 열렸던 삼일당

홍사단이 발간한 동광 창간호(1926.5.20.)

1924년 10월 ~ 1932년 3월

이상촌건설을 위해 토지정황을 돌아본 흥사단원 임득산

유기석(1927.1.경, '길림사건'당시 도산을 수행하였다.)

유일당운동에 전념할 당시 임시정부 청사(보강리 4호, 현재 마당로 306동 4호)(1927경)

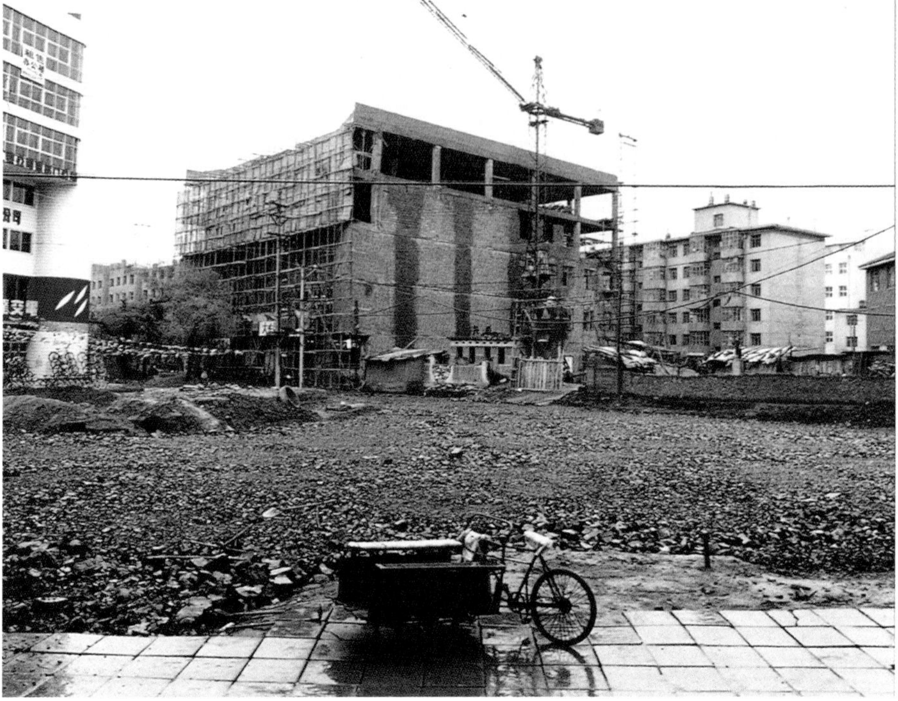

5장 대공주의 혁명 영수 -대혁명당운동-

중국 길림 대동문 밖에 있던 대동공사 자리(1927.2.)

길림에서의 도산 활동을 보도한 신문 기사(1927.2.23.)

1924년 10월 ~ 1932년 3월

유일당운동을 할 당시 동지들과 함께

도산의 독립운동 근거지 건설 제1 후보지였던 길림성 경박호 일대(1927경). 도산은 경박호를 대수원으로 이용하여 북만주 일대를 전력화한다는 계획 하에 중국 당국과 동북성 당국에 중국민들의 복리융 증진시키고 한중연합의 우의를 다지고자 한다는 취지로 협의한바 있다.

5장 대공주의 혁명 영수 -대혁명당운동-

한국유일당을 촉성하기 위해 각지를 분주히 다닐 당시의 안창호(1920년대 후반)

1924년 10월 ~ 1932년 3월

흥사단 단우 야유회(1926 리버사이드)

흥사단 단우 야유회(1927)

5장 대공주의 혁명 영수 -대혁명당운동-

흥사단 단우 야유회 (1927)

제14회 흥사단 연례대회

1924년 10월 ~ 1932년 3월

북경의 한 공원에서 김창세와 함께(1927.9.)

5장 대공주의 혁명 영수 -대혁명당운동-

필리핀 여행 중 산악 부족 어린이들과 함께(1929.4.29.)

1924년 10월 ~ 1932년 3월

필리핀 페이산얀 폭포에서 김창세와 함께(1929.4.22.)

필리핀 페이산얀 폭포 앞에 선 안창호(1929)

5장 대공주의 혁명 영수 -대혁명당운동-

흥사단보 15권 5호(1929.7.20.)

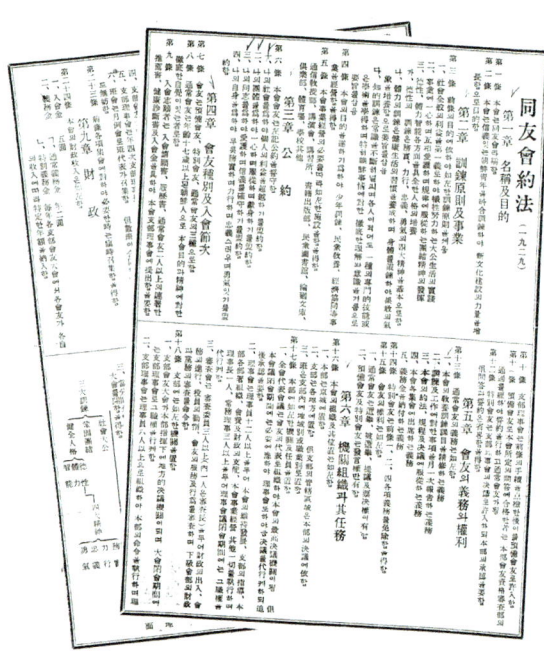

개정된 동우회 약법(1929)

1924년 10월 ~ 1932년 3월

상해의 흥사단 원동위원부 단우(1930) 앉은이 양우조, 뒤줄 왼쪽부터 미상·김정모·안병무·김기승·송면수·이내주

5장 대공주의 혁명 영수 -대혁명당운동-

동우 이탁의 묘(1930.5.)

안창호의 오른팔 동지 이탁의 장례식(1930.5.)

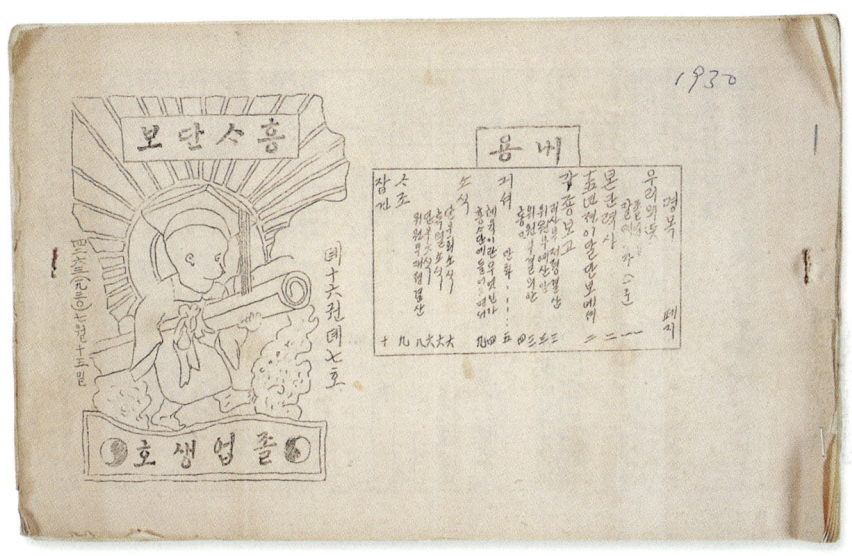

흥사단보 (1930.7.15.)

5장 대공주의 혁명 영수 -대혁명당운동-

원동대회를 주관했을 당시 안창호(1931년경)

1924년 10월 ~ 1932년 3월

복간한 동광 표지(1931.1.)

흥사단 원동위원부 광주지회 단우들
의 3.1운동 기념(1931.3.1.)

5장 대공주의 혁명 영수 -대혁명당운동-

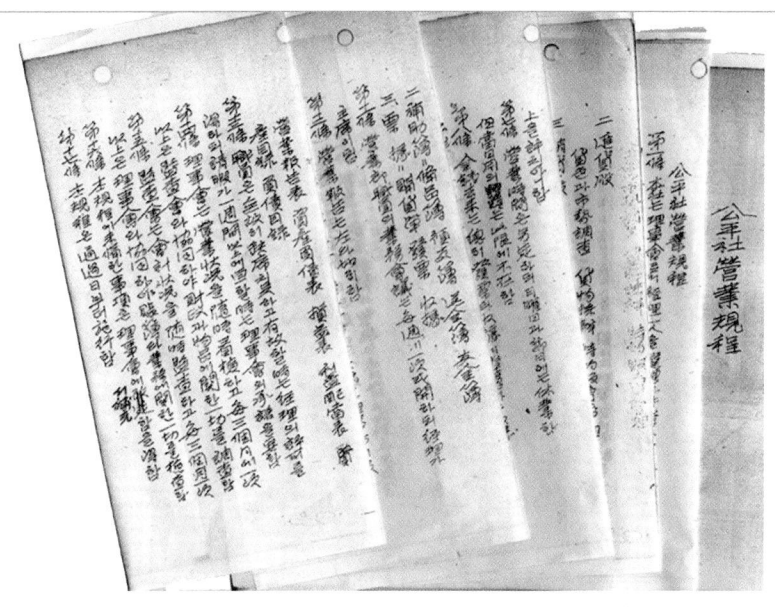

공평사 영업규정 제17조(1931경)

공평사 조직표(1931경), 도산은 홍재형이 조장으로 있는 제6조에 소속되었다.

1924년 10월 ~ 1932년 3월

흥사단 단소(3421 S. Catalina Ave.)(1930년 초)

5장 대공주의 혁명 영수 -대혁명당운동-

제1회 수양동우회 기념(1931)

흥사단 단우 송병조(1931경)

1924년 10월 ~ 1932년 3월

중국 노구교 사건이 일어난 장소(1931.경)

흥사단 제18회 연례대회(1932.1)

5장 대공주의 혁명 영수 -대혁명당운동-

조상섭(1932년 경), 상해인성학교장을 역임하였으며 원동기지 개척에 종사하였다. 도산이 피체된 후 남경토지를 관리하였다.

일본의 침공으로 불타는 상해 시가지

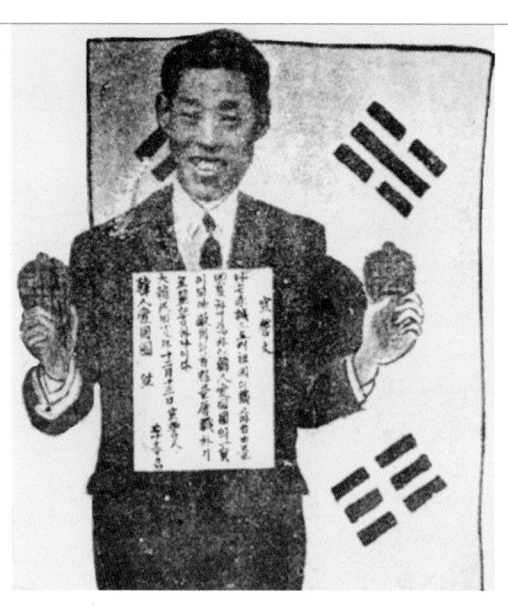

거사 직전의 이봉창 의사(1932.1경), 1932년 1월 8일 일본왕 유인(히로히토)에게 폭탄을 던졌으나 실패하고 피체되어, 그해 10월 10일 33세의 나이로 순국하였다.

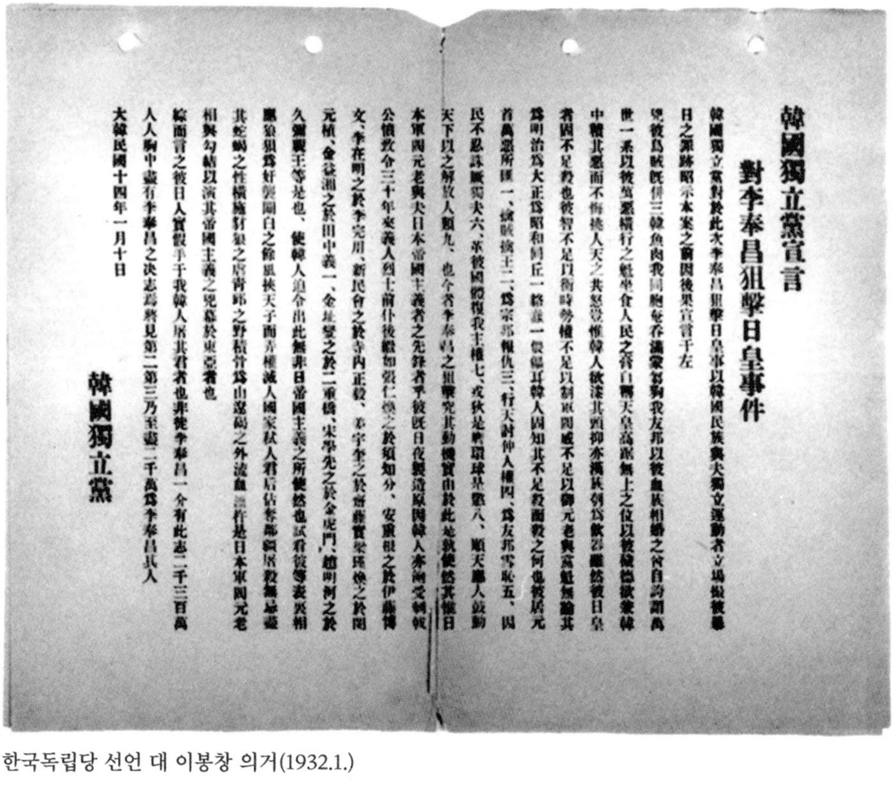

韓國獨立黨宣言

對李奉昌狙擊日皇事件

韓國獨立黨對於此次李奉昌狙擊日皇事以韓國民族與夫獨立運動者立場擬彼暴日之罪跡昭示本案之前因後果宣言于左

見彼島賊既併三韓魚肉我同胞並吞滿蒙芻狗我友邦以彼血族相婚之貧自誇謂萬世一系以彼蠻惡橫行之魁坐食人民之膏自稱天皇高踞無上之位以彼穢德欲蒙韓中韓其惡而不悔搆人天之共怒豈惟韓人欲滲其頸抑亦擧其列公欲啗鱷然彼日皇者因不足殺也彼智不足以衡時勢權不足以制軍閥威不足以御元老與黨魁無論其爲明治爲大正爲昭和同丘一貉蓋一傀儡耳韓人因知其不足殺而殺之何也彼居元首爲惡所匯一、擄賊擒王二、爲宗邦報仇三、替天討仲人權四、爲友邦雪恥五、因民不忍訴願夫六、革彼國體復我主權七、夜狄是膺環球是鑒八、順天應人鼓動天下以之解放人類九、也今者李奉昌之狙擊究其動機實由於此是執使然其懷日本軍閥元老與夫日本帝國主義者之先鋒者乎彼既日夜製造原因韓人赤潮受刺戟公憤敎令三十年來義人烈士前仆後繼如張仁煥之於須知分、安重根之於伊藤博文、李在明之於李完用、新民會之於寺內正毅、李宇奎之於齋藤實、梁瑾煥之於閔元植、金益湘之於田中義一、金祉燮之於二重橋、宋學先之於金虎門、趙明河之於久邇宮王等是也、使韓人迫令出此無非日帝國主義之所使然也試看彼等表裏相豺狼狽爲奸蝟關白之餘風挾天子而弄權滅人國家戕人君后佔奪爲竊居殺無忌憚其蛇蝎之性橫施豺狼之虐肯昉之野積骨爲山盈碣之外流血□作是日本軍閥元老相與勾結以演其帝國主義之兒戲於東亞者也

綜而言之彼日人實假手于我韓人居其君者也非徒李奉昌一介有此志二千三百萬人人胸中盡有李奉昌之決志爲將見第二第三乃至盡二千萬爲李奉昌其人

大韓民國十四年一月十日

韓國獨立黨

한국독립당 선언 대 이봉창 의거(1932.1.)

5장 대공주의 혁명 영수 -대혁명당운동-

한국중국대만혁명영수들의원동회합기념(1932), 본 회의는 도산이 피체되기 일주일 전에 열린 회의로, 항일 공동전선을 구축하기 위한 회의였을 것이다. 왼쪽부터 미상 차리석 미상 안창호 이동년 미상 최동오 미상 이두봉 미상 알려지지 않은 인물로 중국 대만인이다.

평양 동구구락부 회원들

1924년 10월 ~ 1932년 3월

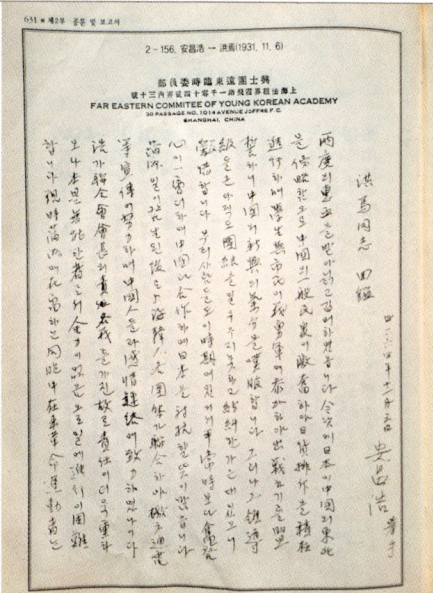

도산이 홍언에게 보낸 서한 (1931.11.6.)

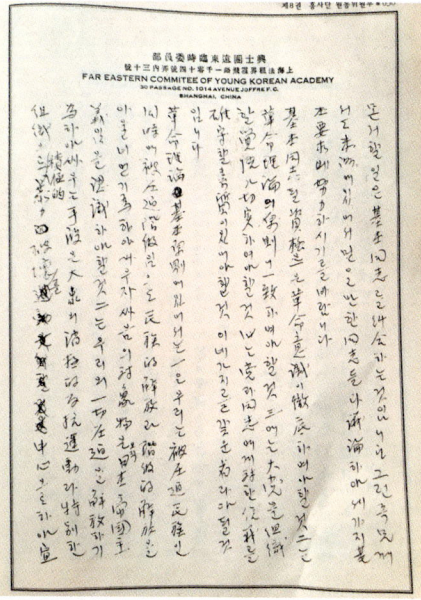

도산이 홍언에게 보낸 서한 (1931.11.6.)

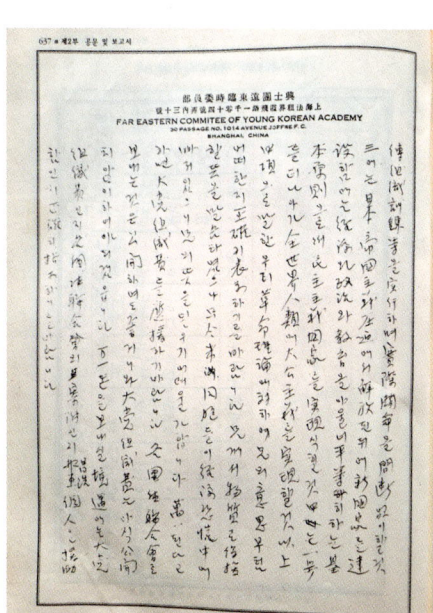

도산이 홍언에게 보낸 서한 (1931.11.6.) 대공주의(大公主義)를 언급하고 있다.

제6장
불굴의 혁명가
-옥살이와 순국-

1932년 4월~1938년 3월

대전형무소를 가출옥한 안창호를 맞이하는 여운형과 조만식(1935)

6장 불굴의 혁명가 -옥살이와 순국-

도산연보

1932년
54세

- 4월 29일 11시 40분에 홍구공원(虹口公園)에서 윤봉길 의거가 일어남. 보강리 54호에 소재한 프랑스 조계의 이유필 상해 교민단장 집을 방문하던 중 11시 55분경 프랑스 경찰에게 연행됨.
- 5월 1일 프랑스 경찰에 의해 일본영사관 경찰에 인도됨.
- 5월 1일 중국 신문 《上海時報(상해시보)》, 《申報(신보)》가 도산이 프랑스 조계에서 체포되어 일본 헌병사령부에 인도되었다는 소식을 보도함.
- 5월 2일 중국 신문 《大晚報(대만보)》가 '한국 혁명지도자 안창호 3일 단식'이라는 제목으로 도산의 단식 투쟁을 보도함.
- 5월 3일 중국 신문 《上海時報》가 '안창호 중국 국적 딴 적 있어'라는 제목으로 보도하고, 《申報》는 '안창호 체포에 관한 여론'이라는 제목으로 도산이 정치범으로 국제법에 따라 보호되어야 한다고 보도함.
- 5월 9일 상해교민단 단장 이유필이 프랑스 공사와 미국 공사에게 도산과 한인의 체포와 관련해 정치 난민을 보호하는 국제 전통을 위반한 프랑스 조계 경찰을 비난하며 원상으로 회복할 것을 요청하는 서신을 각각 보냄.
- 5월 13일 상해각단체구국연합회, 도산의 피체와 신문사 폐쇄에 항의하는 성명을 발표함.
- 5월 19일 미주 흥사단 본부, 기관지 《흥사단보》에 〈상해사건 별보(도산 안창호 선생의 서면 별보)〉를 발간함.
- 5월 30일 상해에서 안경환을 타고 국내로 호송됨.
- 5월 미주 흥사단 본부, 기관지 《흥사단보》에 윤봉길 의거로 체포당하기 한 달 전 제18차 흥사단 원동대회의 강론회에서

국내외 정세

1932년
- 4월 29일 11시 40분, 상해 홍구공원에서 윤봉길 의거가 일어남. 일본천왕 생일축하일인 천장절 행사장에서 윤봉길이 폭탄을 투척, 주중국 일본군사령관 백천의칙(白川義則, 시라카와) 등이 사상함.
- 5월 임시정부, 상해에서 항주로 이전함(1932.5~10).
- 7월 31일 독일 총선거에서 나치당(Nazi 黨)이 제1당이 됨.
- 9월 1, 8일 《신한민보》가 윤봉길 사건 직후의 상해 한인의 상황에 관한 보고 자료를 〈홍구사건 전후에 상해 한인의 형형〉이라는 제목으로 두 차례 보도함.
- 10월 25일 한국대일전선통일동맹 결성, 한국혁명당(흥사단 원동임시위원부 직속)·조선혁명당·의열단·신한독립당과 상해·미주·하와이 한인 단체 등이 참여
- 10월 임시정부가 항주에서 진강으로 이동함.
- 11월 2일 한중합작의 항일조직인 중·한민중대동맹(中·韓民衆大同盟)이 조직됨.
- 11월 8일 미국 루스벨트, 대통령에 당선됨.
- 11월 10일 상해에서 한국대일전선통일동맹이 결성됨.

6장 불굴의 혁명가 -옥살이와 순국-

도산연보

〈원동 흥사단의 당면 공작〉을 제목으로 한 도산의 강연을 게재함.
- 6월 2일 상해에서 안창호 석방을 위한 후원회가 결성됨.
- 6월 2일 오전 10시, 상해 황포탄에서 경안환(慶安丸) 호를 타고 국내로 압송됨.
- 6월 4일 오전 8시, 청도에 도착. 우천으로 5일 오후 5시에 인천을 향해 출발함.
- 6월 7일 오전 7시 15분, 인천항에 도착, 서울로 압송됨. 그날 경기도 경찰부 유치장에 수용되어 1개월 여일 동안 취조를 받음.
- 7월 15일 경기도 경찰부에서 경성지방법원 검사국으로 송치되어 장기간 심문을 받음.
- 7월 25일 '치안유지법 위반'으로 기소되어 서대문 형무소에 수용됨.
- 7월 25일 경성지방법원 검사국에서 도산의 예심청구서를 제출함. 이후 도산은 '치안유지법 위반' 혐의로 기소 되어 경성지방법원 예심에 회부됨.
- 8월 8일 담임 변호사 김병로가 경성지방법원 예심계에 도산의 보석을 청원했으나 불허됨.
- 9월 5일~10월 19일 검사국에서 10차례의 신문(訊問)을 받고 기소되어 예심에 회부됨.
- 10월 25일 경성지밥법원, 도산에 대한 예심 결정과 동시에 치안유지법 위반 사건 공판을 경성지밥법원 합의부에 넘김.
- 12월 19일 경성지방법원 합의부에서 도산의 치안유지법 위반 사건에 대한 공판이 시작됨.
- 12월 26일 경성지방법원 합의부, 도산의 치안유지법에 대하여

1932년 4월~1938년 3월

국내외 정세

1933년
- 1월 30일 히틀러, 독일 수상에 취임함.
- 2월 17일 이승만, 스위스 제네바에서 열린 국제연합회의에서 한국 대표로 참석함.
- 3월 4일 미국 루스벨트 대통령, 뉴딜정책 실시를 발표함.
- 3월 27일 일본, 국제연맹에서 탈퇴함.

6장 불굴의 혁명가 -옥살이와 순국-

도산연보

징역 4년의 실형을 선고함.
- 12월 27일 공소권을 포기하고 서대문형무소에 투옥됨.

1933년
55세
- 1월 24일 조용하의 치안유지법 위반 사건 공판에 증인으로 출석하여 신문을 받음.
- 3월 28일 서대문형무소에서 신축한 대전형무소로 이감됨.
- 5월 항소를 포기하고 서대문형무소에서 대전형무소로 이감됨.

1934년
56세
- 1월 15일 도산의 유지에 따라 흥사단 본부가 제1차 흥사단 개정약법을 공포함. 단의 목적을 '전민족의 행복을 위하야 헌신할 신의있는 조선의 남녀를 굳게 단결하여 본단의 강령을 실천함으로써 우리 민족의 신흥역량을 증장케 함"으로 개정하고, 종전의 건전인격과 신성단결 2개강령을 인격훈련과 사회공작으로 대체하고 '대공의 이상'을 인격훈련에, '대공의 정신'을 공약 5장에 포함하는 등 대공주의를 포함시킴.
- 2월 10일 형기가 징역 4년에서 3년 12일로 1년 감형 조치됨.
- 8월 1일 김성업이 대전형무소에 투옥된 도산을 면회하고 〈25년 만에 도산 회견기〉라는 글을 《삼천리》 잡지에 게재함.
- 대전형무소에서 옥중 노력을 하면서 한국지리·산천에 대해 독서를 함. 위장병이 악화됨.

1935년
57세
- 1월 5일 제20회 원동대회에서 흥사단임시원동위원부를 흥사단원동지방위원회로 개칭함.
- 2월 10일 대전 감옥에서 오후 1시 30분 가출옥, 형기가 징역 4년에서 3년 12일로 감형 조치됨. 여운형·주요한·박흥식·김동원·안맥결·방두한과 대전역에서 점심을 하고 3시 30분 대전역

국내외 정세

1932년 4월~1938년 3월

- 4월 1일 동아·중앙·조선 3개 신문사, 〈한국맞춤법통일안〉에 의한 철자법으로 발행하기 시작함.
- 5월 임시정부 국무령 김구, 중국 장개석과 낙양군관학교에 한인훈련반 설치에 합의함.
- 10월 5일 중국 장개석, 공산당 소탕전을 시작함.
- 11월 4일 조선어학회 한글맞춤법통일안을 제정 발표함.

1934년
- 1월 중국 진강에서 열린 임시정부 임시의정원에서 양기탁이 국무령으로 선출되어 1935년 10월까지 재임함.
- 2월 한국독립당·한국혁명당, 신한독립당으로 통합을 결의함.
- 3월 24일 미국, 필리핀의 자치를 인정함.
- 5월 7일 이병도·김윤경·이병기 등, 진단학회(震檀學會)를 창립함.
- 8월 18일 독일 히틀러, 국민투표에서 총통에 선출됨.
- 10월 10일 중국 홍군, 대장정을 시작함.
- 12월 김구, 한국특무독립군을 조직함.
- 12월 한국 총인구 2112만 5827명(재한 일본인은 53만 7576명 포함)

1935년
- 3월 21일 페르시아, 국명을 이란(Iran)으로 개칭함.
- 4월 6일 총독부, 한국 농민 80만 명을 만주로 이주시키기로 함.
- 5월 28일 카프(KAPF)가 해체됨.
- 7월 5일 흥사단 원동위원부 광주지부, 김원봉·손두환의 의열단원 등 5개 독립운동단체가 통합하여 민족혁명당을 결성함.

6장 불굴의 혁명가 -옥살이와 순국-

도산연보

을 출발, 서울역에 내려 가희동 박흥식 집에서 만찬과 담화를 마친 후 삼각정(현 삼각지) 중앙호텔에서 묵음.
- 2월 11일 김동원·안맥결·이덕환 등과 서울역을 떠나 오후 2시 44분 평양역에 도착, 김동원 집에 유숙함.
- 2월 14일 오후 11시 7분 고향 강서군 동진면 고일리에 도착함. 자신이 세운 기양교회에서 설교를 하고 형 안치호 집에 유숙함.
- 2월 16일 평양으로 찾아온 《조선중앙일보》 사장 여운형을 만나 오윤선의 집으로 가서 의견을 나눔.
- 2월 18일 용강온천에서 약 10일 동안 요양함. 용강으로 가는 길에 김지간의 과수원에서 1박함.
- 3월 11일 상경하여 중앙호텔에서 10여 일간 묵으며 여러 사람을 만나 당면 정세와 상황에 대해 담화함.
- 이후 광주·순천·부산·대구·안동 등 영호남 지방을, 이어서 개성·오산·정주·선천·신의주 등 평북지역을 순회하고 평남 대보산 중턱 조신성 소유의 송태산장에 은거함.
- 9월 5일 압록강 맞은편 안동현에서 안동청년회의 요청으로 강연하며 민족·정치·경제·교육 등 4평등이 포함된 대공주의를 주장함.
- 9월 27일 김준연·김동원·송진우·김성업 등과 평남 대동군 대보면 을지문덕 묘를 답사함.
- 11월 18일 가석방 형기가 만료되어 자유로운 몸이 됨.
- 11월 30일 평양 백선행기념관에서 조만식·한근조·김성업 등 유지 13명의 발기로 도산 안창호 선생 환영회(준비위원장 오윤선)를 개최하기로 하였으나 평남 일본 경찰부에서 환영회를 중지시킴.

국내외 정세

- 8월 3일 일본, 국체명징(國體明徵, 천황 중심의 국가체제)를 발표함.
- 8월 13일 심훈, 《동아일보》 창간 기념 소설 현상공모에 〈상록수(常綠樹)〉가 당선됨. 남성 주인공이 농민운동에 헌신하여 5년 동안 옥고를 치른 흥사단 동우회 채수반 단우임.
- 9월 총독부, 각급 학교에 신사참배를 강요함.
- 10월 28일 하순. 민족혁명당을 이탈한 흥사단 단우들이 9월 25일 재건 한국독립당을 결성한 조소앙 등과 합력하여 임시정부 제28회 임시의정원 회의에서 김구를 중심으로 새 내각을 구성함.
- 11월 4일 필리핀공화국이 성립됨.
- 11월 10일 상해 일본영사관에서 한인 사립 인성학교에 일본어 교육을 명령하였으나 교장 선우혁이 이를 거부하고 무기 휴교를 선언함.
- 11월 임시정부, 가흥(嘉興)으로 옮김.
- 11월 하순 흥사단 원동위원부와 임시정부의 차리석·김구 등이 임시정부를 지지하는 한국국민당을 결성함.

6장 불굴의 혁명가 -옥살이와 순국-

도산연보

1936년
58세
- 1월 서울로 올라와 각계 인사를 만남. 대인 접촉을 늘리며 서서히 재기를 모색함.
- 2월 20일 동아일보사 서무부장 김철중과 함께 남부지방을 돌아보기 위해 서울을 출발. 대전·이리·군산·금구(김제)·광주·목포·순천·여수·하동·마산·대구 지방의 영세민들의 생활과 민간인 교육 상황, 농민의 생활을 돌아 보고 지역 유지와 대화를 나눔.
- 3월 초순 대구에서 출발하여 서울역에 도착한 후 서울·평양·선천 등지 동우회 회원과 회합함.
- 초여름 평남 대보산 중턱 송태산장(松苔山莊, 송태정)에 '서벽사(棲碧舍)'라는 작은 기와집을 짓고 은거함.
- 7월 20일 아들처럼 여기던 유상규의 장례를 경성의학전문학교 교정에서 주관하여 망우리 공동묘지에 안장함.
- 10월 4일 평양 남산현교회에서 열린 감리교회 연합예배에 초청 받고 '기독교의 갈 길'이라는 제목으로 강연을 함.
- 10월 28일 서울 태서관에서 열린 조선어학회 표준어 발표회에 초청받고 축사함. 임석한 일제 경관이 축사 도중 불온한 어휘가 있다고 중단시킴.
- 12월 중국 남경 토지를 남경 지정국(地政局)에 다시 등기함.

1937년
59세
- 1월 12일 서울 성북동 이종린의 집에서 해외 정세에 대하여 담화하며 인격혁명(人格革命)의 중요성을 역설함.
- 3월 무렵 일제가 동우회 이사부장 주요한에게 동우회의 해산을 종용하는 통보를 함.
- 5월 초순 이광수가 흥사단 운동의 타개책을 논의하기 위해 송태산장의 서벽사로 도산을 찾아감.

1932년 4월~1938년 3월

국내외 정세

1936년
- 2년 26일 일본, 황도파 청년장교들이 쿠데타를 일으킴(2·26사건).
- 6월 안익태, 자신이 작곡한 〈애국가〉(현행)를 처음으로 발표함.
- 7월 17일 스페인 프랑코, 파시스트 반란을 일으킴.
- 8월 5일 총독에 남태랑(南太郞, 미나미)이 취임함.
- 8월 9일 손기정, 베를린 올림픽 마라톤에서 세계신기록으로 우승함.
- 8월 27일 《동아일보》, 일장기 말소 사건으로 부정기 정간을 당함.
- 10월 23일 한강인도교가 개통됨.
- 11월 25일 독일·일본, 방공협정(防共協定)에 조인함.
- 12월 12일 중국 장학량(張學良), 장개석을 감금한 시안사건이 발생함.

1937년
- 2월 민족혁명당, 김원봉 등을 제적하고 한국민족혁명당으로 개칭함. 김원봉 일파는 조선민족혁명당을 조직함.
- 4월 1일 버마, 인도에서 분리됨.
- 4월 조선물산장려회, 강제 해체당함.
- 6월 4일 동북항일연군. 갑산군 혜산진 보천보주재소를 습격함(보천보사건).

6장 불굴의 혁명가 -옥살이와 순국-

도산연보

- 6월 6일 일제가 동우회 사건을 일으키고 동우회 간부와 회원을 검거하기 시작함.
- 6월 28일 일본 경찰이 동우회 사건으로 평양 동우회 회원들과 도산을 송태산장 서벽사에서 체포, 서울로 압송되어 경기도 경찰부에 수감됨.
- 7월 25일 종로경찰서 유치장 제1호실에 입감됨.
- 8월 6일 동우회가 해산을 강요받고 신윤국 등 9명의 대표자 명의로 해산신청서를 제출함.
- 8월 10일 종로경찰서에 유치됨. 일제의 가혹한 학대로 건강이 극도로 악화되었으나 일제의 심문에 불복함.
- 11월 1일 종로경찰서 유치장에서 서대문감옥으로 이감됨.
- 11월 11일 경성지방법원 검사국에 송치되어 중환자 상태에서 검사 심문을 받았으나 '조선은 반드시 독립될 것이고 반드시 독립되어야 한다'고 일제에 불복함.
- 12월 24일 위장병과 폐결핵으로 '옥사' 직전 상태에서 '병보석'으로 보석 출감함, 재판소가 지정한 경성제국대학 부속병원 내과에 입원함.

1938년
60세

- 1월 동우회 회원 42명, '치안유지법 위반'으로 송치됨.
- 1월 무렵 병세가 약화되자 일제는 친형 안치호에게 급히 알림.
- 1월 30일, 가족이 임종을 보기 위해 로스앤젤레스에서 출발하자 들어오지 말라고 전보로 회신함.
- 2월 24일, 3월 4일 일제 경찰은 도산의 입원 비용의 출처까지 조사하여 상부에 보고함.
- 3월 8일 부인 이혜련이 도산에게 "… 오늘까지 소식을 듣지 못하여 궁금하외다. 할 수 있는 대로 병이 속히 나으시기를 하나

국내외 정세

1932년 4월~1938년 3월

- 7월 7일 일본군, 노구교(蘆構橋)중국을 침략하고 중일전쟁을 도발함.
- 7월 17일 중국 장개석, 주은래와 회담하고 대일항전을 발표함,
- 8월 1일 임시정부, 외곽단체 한국광복진선(韓國光復陳線)을 결성함.
- 9월 22일 중국 국민당, 제2차 국공합작을 발표함.
- 10월 한국국민당, 남경방송국을 통해 항일반만(抗日反滿)방송을 개시함.
- 10월 조선의용대 조직함(대장 김원봉).
- 10월 중국 국민정부, 중경(重慶)을 임시 수도로 정함.
- 11월 임시정부, 진강에서 다시 다시 장사(長沙)로 이동함.
- 12월 일본군이 남경을 점령하고 '남경 대학살'을 자행함(약 30만명 학살).

1938년
- 1월 31일 스페인 프랑코 국민정부를 조직함.
- 1월 총독부, 전국 각도에서 1천여 개의 일본어강습소를 설치함.
- 2월 9일 평북노회, 장로교 최초로 신사참배를 국가의식으로 인정함.
- 3월 31일 평양의 숭의학교와 숭실학교가 신사참배를 거부하여 폐교당함.
- 3월 독일, 오스트리아 병합을 선언함.
- 4월 1일 일본, 국가 총동원령을 공포함.

6장 불굴의 혁명가 -옥살이와 순국-

도산연보

님께 기도하는 것 밖에 없습니다. 이만 그칩니다"라고 하는 마지막 편지를 보냄.
- 3월 9일 오후 3시 경, 주치의 김용필이 최후를 위하여 마음의 준비를 하도록 청함.
- 3년 9일 오후 7시 무렵. 이미 의식을 잃고 도산을 방문한 이선행을 알아보지 못함.
- 3월 10일 0시 5분에 경성제국대학 부속병원에서 향년 60세를 일기로 순국함. 간경화증, 만성기관지염 및 위하수증으로 진단됨.
- 3월 10일 오전 9시 50분, 일본 경찰은 장례식 집행에 대한 주의와 제한 방침을 가족에게 일방적으로 통고함.
- 3월 10일 에 조각가 이국전이 오기영(동아일보 기자)와 함께 영안실 문을 잠그고 몰래 도산의 데드마스크를 제작했으나 동대문경찰서에 압수당함.
- 3월 12일 오후 1시 30분 병원 영안실에서 기독교식으로 고별식을 거행함. 2시 5분 출관하여 운구차에 실려 영안실을 출발함. 오후 3시 30분 경기도 양주군 구리면 망우리 공동묘지에 도착하여 4시에 하관식을 거행한 후 안장됨.

1932년 4월~1938년 3월

국내외 정세

- 4월 19일 총독부, 중등학교에서 조선어교육을 폐지함.
- 6월 26일 총독부, 근로보급대 조직을 전국에 지시함.
- 7월 1일 총독부, 국민정신총동원 조선연맹을 창립함.
- 9월 신상우 등 흥업구락부 소속자 54명이 사상전향서를 제출함.
- 10월 임시정부, 광주(廣州)에서 류주(柳州)로 이동함.
- 11월 14일 프랑스, 인민전선이 붕괴됨.

6장 불굴의 혁명가 -옥살이와 순국-

윤봉길의거로 피체되어 취조당시 도산

동우회사건으로 수감되었을 때의 도산(1937)

6장 불굴의 혁명가 -옥살이와 순국-

거사에 앞서 태극기 앞에 선 윤봉길 의사(1932.4.26.)

윤봉길 의사의 선서문 (1932.4.26.)

1932년 4월~1938년 3월

윤봉길 의사의 의거 현장

일본군에 연행되는 윤봉길 의사(1932.4.29.), 일본왕의 생일축하식이 거행되는 홍구공원 기념식장 단상에 폭탄을 던져 백천(시라카와) 대장과 일본 거류민단장이 사망하는 등, 일제에 큰 타격을 주었다.

6장 불굴의 혁명가 -옥살이와 순국-

도산이 피체된 장소인 이유필의 집(상해 보강리 54호)

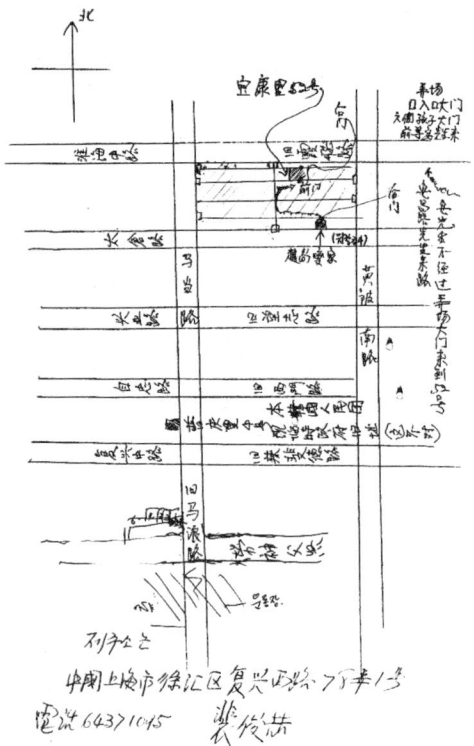

배준철이 직접 스린 도산의 피체 현장 약도

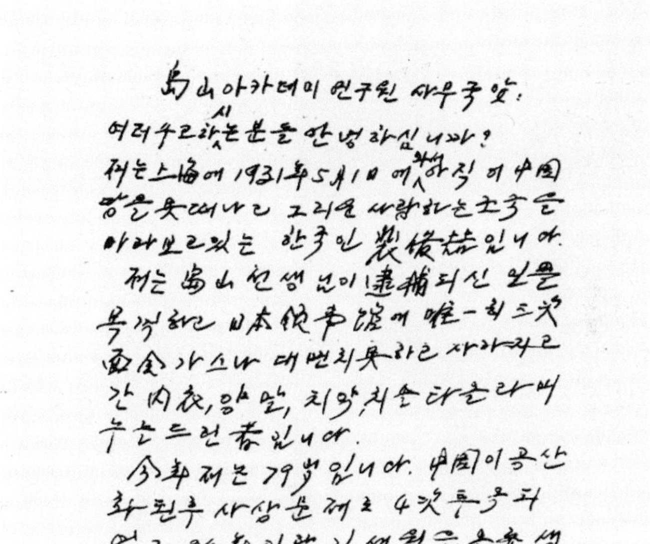

1932년 4월~1938년 3월

島山아카데미 연구원 사무국앞:

여러우러하신분들 안녕하십니까?

저는 上海에 1931年 5月1日에 就職이 中國
銀行못떠나고 그리던 사랑하는 조국을
아라보으려는 한족인 裴慶蒂 입니다.

저는 島山 선생 님이 逮捕되신 모틀
목격하고 日本領事館에 唯一히 二次
面會가스나 대면치못하고 자리자로
간 內衣, 양말, 치약, 치솔 타슨라비
누은 드린 촘 입니다.

今年 저는 79歲 입니다. 中國이 공산
화된후 사상문제로 4것 후중의
었고 24年 이란간 세원은 옥중생
활슨하고 今年 4월 안여 부로 慶蒂
이여 출옥 되었슴니다.

島山선생 님이 왜놈에게 붓들어
간 事情은 이러 합니다.

1932年 4月 29日 낫 12時 였슴니다.
그때 저는 上海 韓國少年同盟 會
副委員長職은 가지고 있었슴니다.
委員長은 李晩榮 이었슴니다.
李晩榮 兄은 그당시 上海市 韓國人

6장 불굴의 혁명가 -옥살이와 순국-

흥사단 단우 신언준, 동아일보 상해.남경지역 특파원이기도한 신언준은 만보산사건의 진상을 중국신문에 게재하여 한.중 간에 악화된 관계를 중재하였고, 또한 이봉창의거에 대한 기사와 중국 각 언론사에 돌려 한중연합전선을 구축하기 위한 여론을 조성하였다.

도산피체소식을 알리는 영문 전보문(1932.5.)

1932년 4월~1938년 3월

도산의 예심이 열렸던 경성지방법원

도산이 수감되었던 서대문형무소

6장 불굴의 혁명가 -옥살이와 순국-

서대문형무소 내부

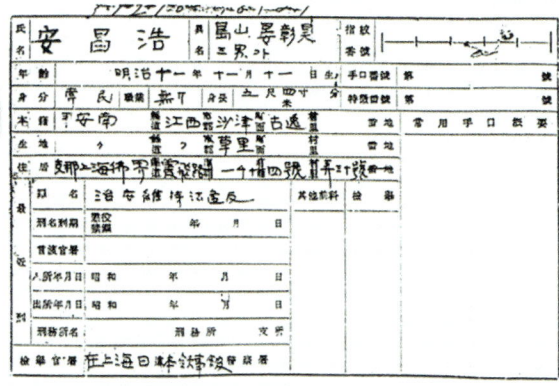

서대문형무소에서 작성한 도산 수형자카드

昭和七年豫第五三號

豫審終結決定

本籍 不詳

住居 中華民國上海佛蘭西租界霞飛路千十四號弄三十號

無職

安祥昊 安島山コト

安 昌 浩

五十五年

右ノ者ニ對スル治安維持法違反被告事件ニ付豫審ヲ遂ケ終結決定スルコト左如シ

爲シ或ハ自ラ抗日思想ノ鼓吹ヲ内容トスル檄文ヲ作成シテ支那國民黨本部及各支部並有力ナル社會團体ニ送付シテ朝鮮獨立ノ素志ニ副リ策謀ニ努ムル折

昭和七年十月二十五日

京城地方法院

豫審掛朝鮮總督府判事 増村文雄

右謄本也

前同日於同廳

朝鮮總督府裁判所書記

7.10.25 付受

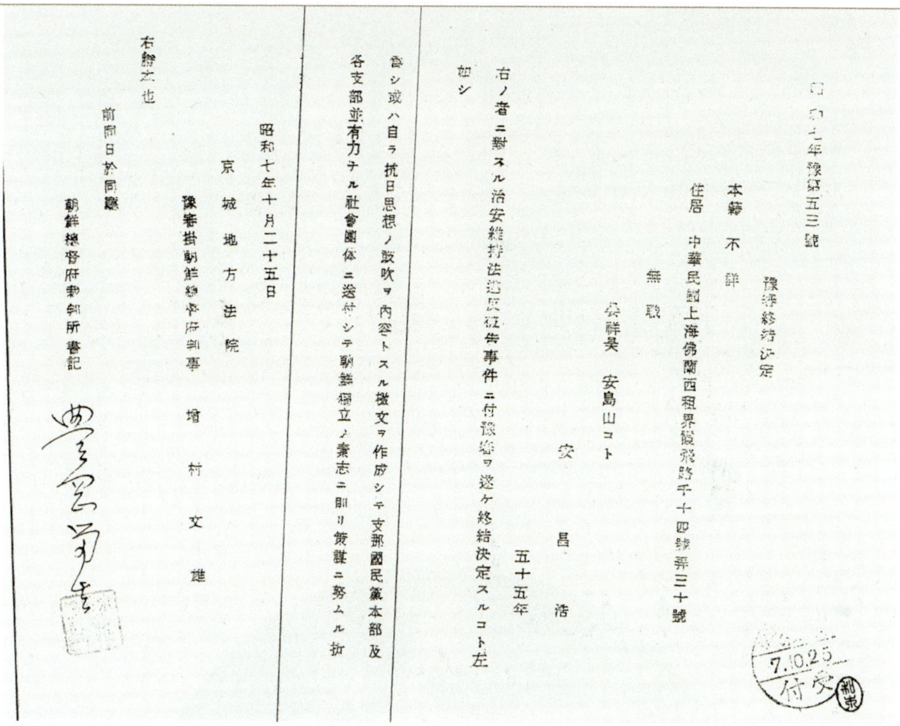

도산에 대한 예심종결 판결문(1932.10.)

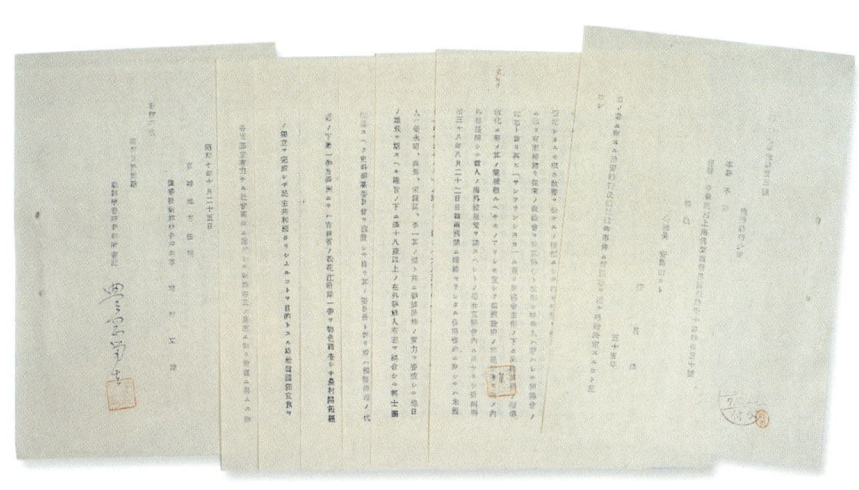

안창호 예심종결 판결문(1932)

6장 불굴의 혁명가 -옥살이와 순국-

재판장 밖에서 판결을 기다리는 군중(1932)

판결을 받고 형무소로 호송되는 용수를 쓴 안창호(1932)

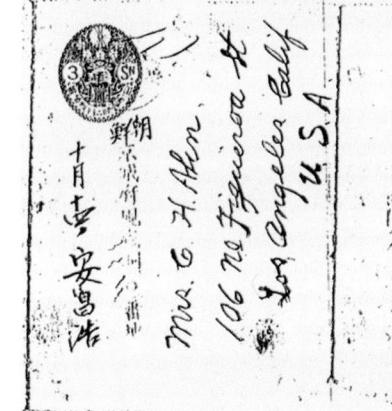

서대문형무소에서 가족에게 보낸 도산의 편지(1933)

6장 불굴의 혁명가 -옥살이와 순국-

차리석

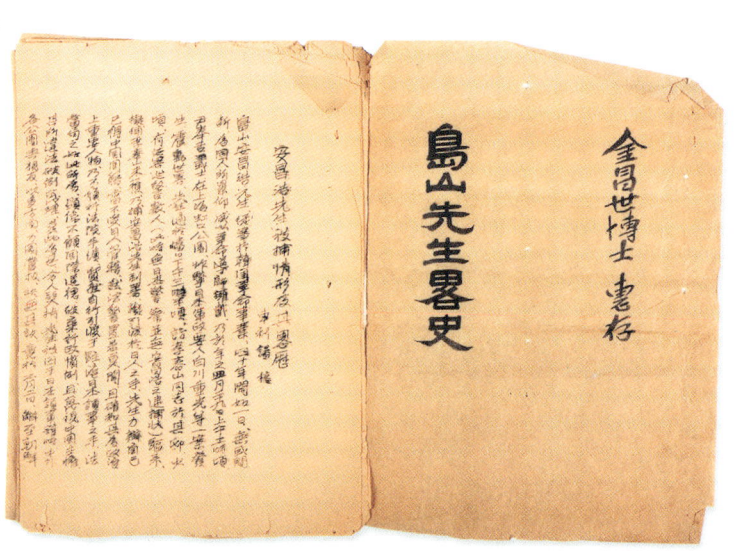

도산선생 약사(1932) 안창호가 피체되자 차리석은 안창호의 생애를 정리하였다.

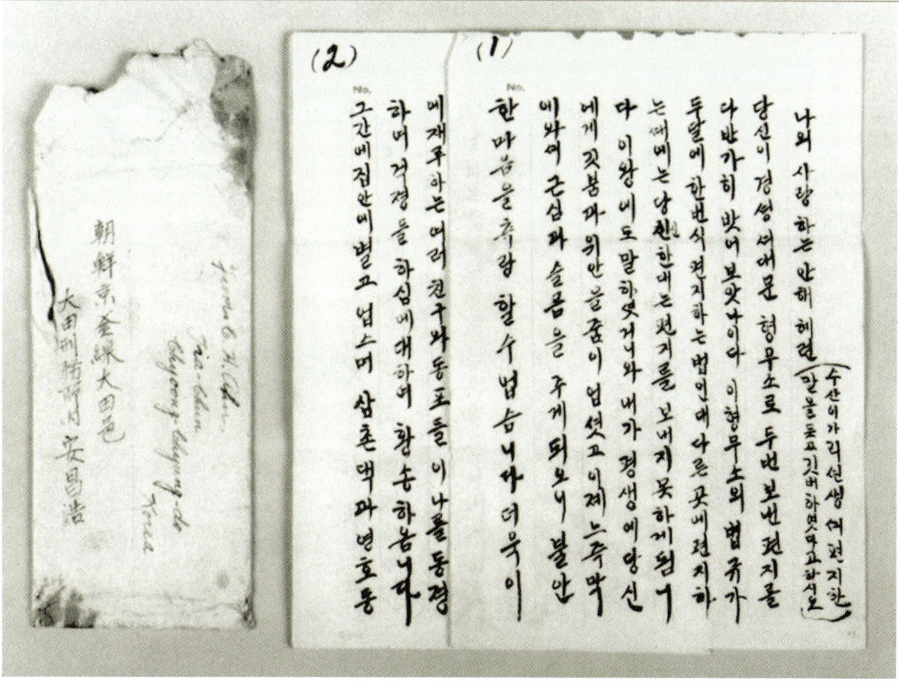

朝鮮京釜線大田邑
大田刑務所 安昌浩

(1)
나의 사랑하는 안해 혜련 (수산이 가리선생에 편지한 말을 듣고 긔버하엿다고 하시오)
당신이 경성셔대문 형무소로 두번 보낸 편지를
다 반가히 밧어 보앗나이다 이형무소의 법규가
두달에 한번식 편지하는 법인데 다른곳에 편지하
는때에는 당신한테는 편지를 보내지못하게 됨니
다 이왕에도 말하엿거니와 내가 평생에 당신
에게 깃븜과 위안을 줌이 업섯고 이제 느주막
에와서 근심과 슬픔을 주게되오니 불안
한마음을 측량할수 업습니다 더욱이

(2)
에재류하는 여러 친우와 동포들이 나를 동정
하며 걱정을 하심에 대하여 황송하옵니다
그간에 집안에 별고 업스며 삼촌댁과 영호동

대전 형무소에서 부인에게 보낸 편지(1933.6.)

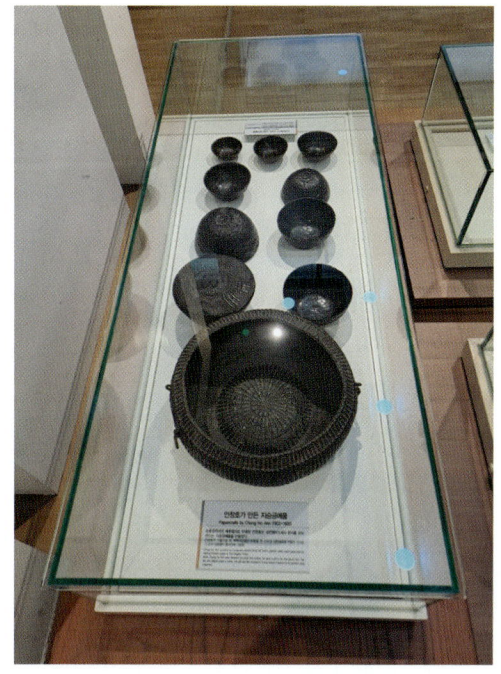

옥중에서 만든 칠기(1932~5)

6장 불굴의 혁명가 -옥살이와 순국-

중국 광주지회 성립(1933)

동우회 대회기념(1934.1.)

1932년 4월~1938년 3월

흥사단 제19회 연례대회(1933)

6장 불굴의 혁명가 -옥살이와 순국-

대전형무소에서 가출옥하는 도산을 마중한 여운형(1935)

도산의 평양도착을 알리는 신문보도
(동아, 1935.2.13.)

평양의 전경, 1935년 2월 11일 오후 2시 44분, 열차로 평양에 도착한 안창호를 맞이 하기 위하여 4천여 군중이 이 광장을 메웠다.

1932년 4월~1938년 3월

大田刑務所에서 出獄하시는 島山
대전형무소에서 가출옥한 안창호를 맞이하는 친지들(1935.2.10.)

6장 불굴의 혁명가 -옥살이와 순국-

손병희 묘소 참배

개성 박연폭포에서 망중한을
즐기는 도산

1932년 4월~1938년 3월

개성 선죽교를 답사한 도산(1935년경)

지방순회중 개성만월대에서(1935)

6장 불굴의 혁명가 -옥살이와 순국-

노량진 용봉정에서 친지 가족들과의 나들이(1936) 뒷줄 왼쪽부터 백인제·주요한·유기준·이상준·안창호·유상규·이응준·장희근(1936)

평북지방순회중 정주읍내 가납공원에서(1935)

1932년 4월~1938년 3월

지방순회를 마치고 서울 오봉빈의 집에서 지인들과 함께(1935년경)

6장 불굴의 혁명가 -옥살이와 순국-

도산이 손수지어 머물던 송태산장

1932년 4월~1938년 3월

송태산장 내부 서재

멀리서 본 송태산장

6장 불굴의 혁명가 -옥살이와 순국-

동우회사건으로 피체되기 직전의 도산(1937)

1932년 4월~1938년 3월

동우회사건으로 도산이 취조받았던 종로경찰서

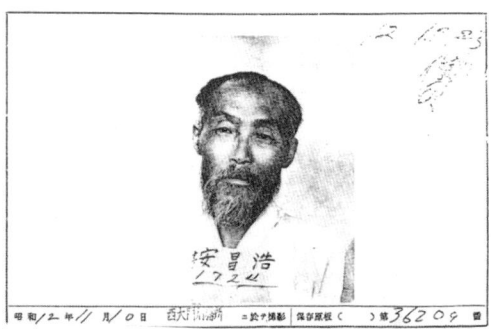

도산의 수형자 카드

6장 불굴의 혁명가 -옥살이와 순국-

흥사단 제24차 연례대회(1937.12.26)

도산이 서거한 경성제국대학병원

1932년 4월~1938년 3월

동우회사건 직전 김복형(우), 이국전(좌)와 함께(1937)

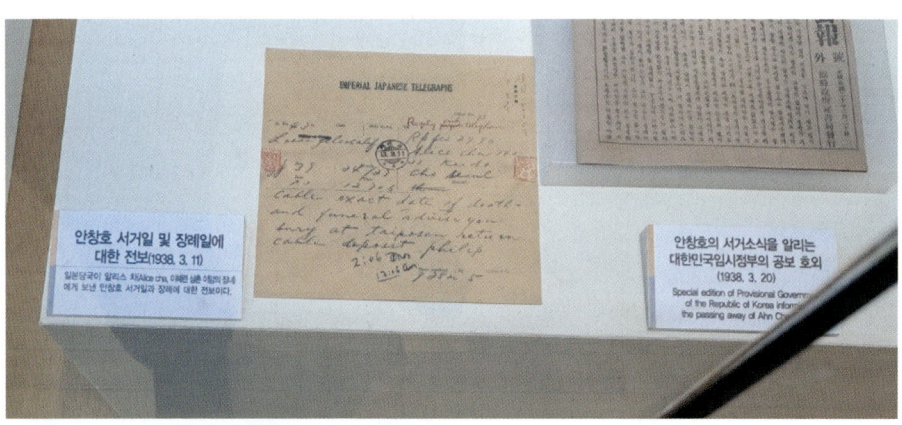

안창호 서거일 및 장례식에 대한 전보(1938.3.10)

제7장

가족 친지 사진모음

부인 이혜련 여사와 자녀들

7장 가족 친지 사진모음

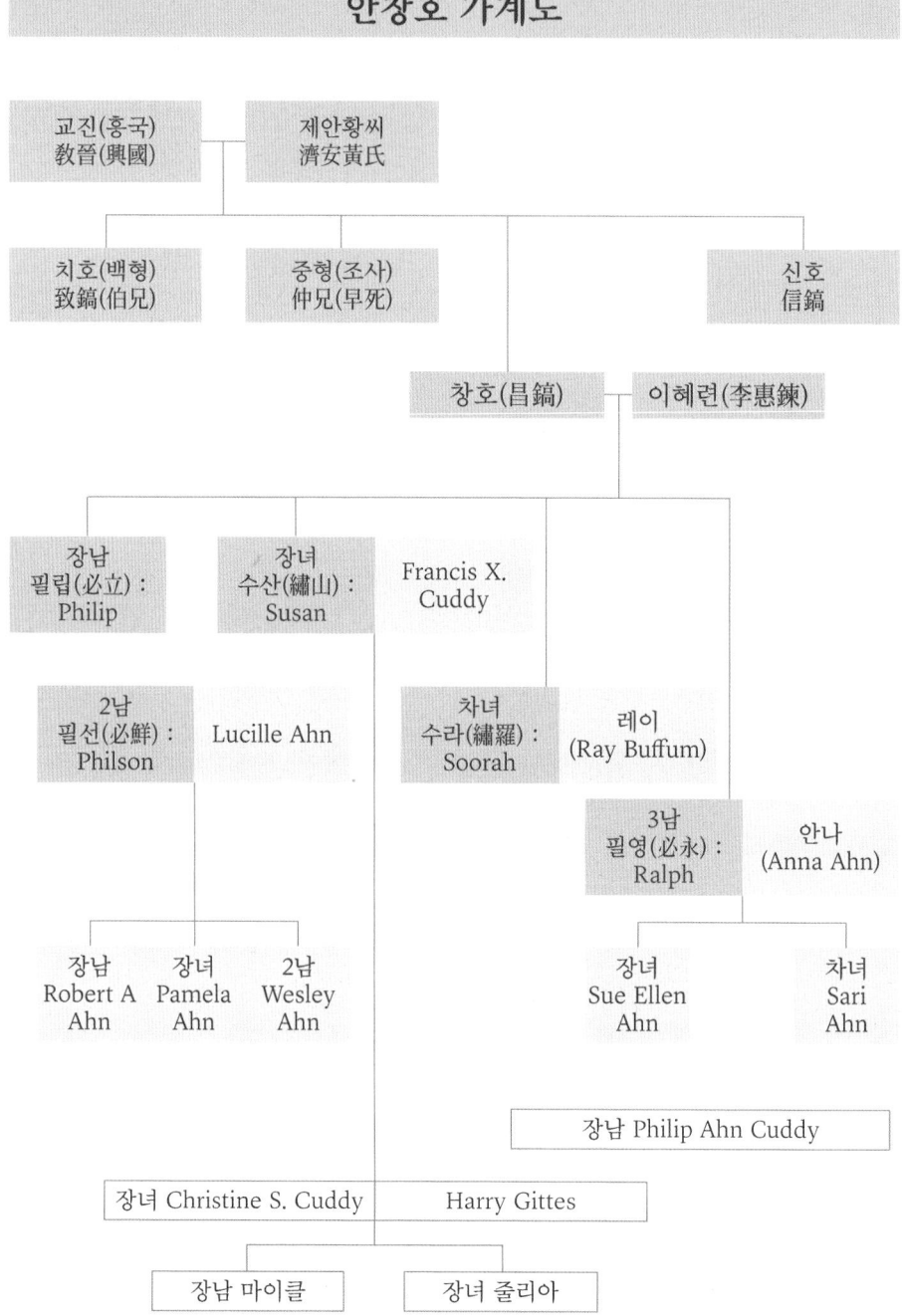

도산 안창호

7장 가족 친지 사진모음

부인 이혜련 여사와 자녀들

하와이로 이민한 도산의 숙부 안교점과 가족(1905~1906년경)

여동생 안신호 가족, 남편 김성탁 딸 김선덕
안신호

7장 가족 친지 사진모음

처제 이신실과 동서 김창세

김필순 가족과 한말 군인들

도산이 이혜련에게 보낸 편지(1910.8.)

이혜련과 필립(1907)

7장 가족 친지 사진모음

이혜련과 필립(1911)

어린 시절의 필립

필립, 필선과 정영도(1913년경)

이혜련(1913년경)

7장 가족 친지 사진모음

이혜련 필립 안창호 필선(1913년경)

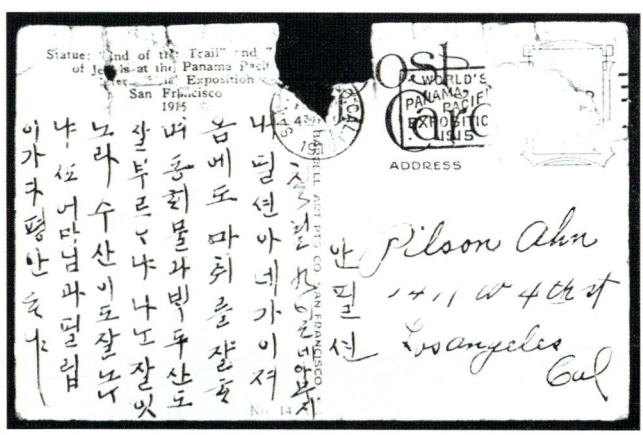

도산이 차남 필선에게 보낸 엽서(1915)

1917년 당시 가족사진, 멕시코 한인사회를 돌아보기 위해 떠나기 전에 찍은 가족사진, 왼쪽부터 안 필선 안창호 수라 필립 수산 이혜련

7장 가족 친지 사진모음

상해으로 떠나기 전 수산과 수라를 안고 있는 안창호(1919)

상해로 간 안창호에게 보낸 가족사진(1919), 앞줄 왼쪽부터 수산·필립·수라·필선 뒷줄 이혜련

필선·수산·수라(1920)

안창호의 4남매(1920.10.), 줄 왼쪽부터 수라·수산·필선, 뒷줄 필립

7장 가족 친지 사진모음

미주에서 촬영한 가족사진(1925)

동서 김창세의 가족(1925), 하와이에서 개최된 범태평양대회 대표로 참석했다.

조카 안영호 결혼식에 참석한 도산(1925.10.)

7장 가족 친지 사진모음

막내 아들 필영과 이혜련(1928년경)

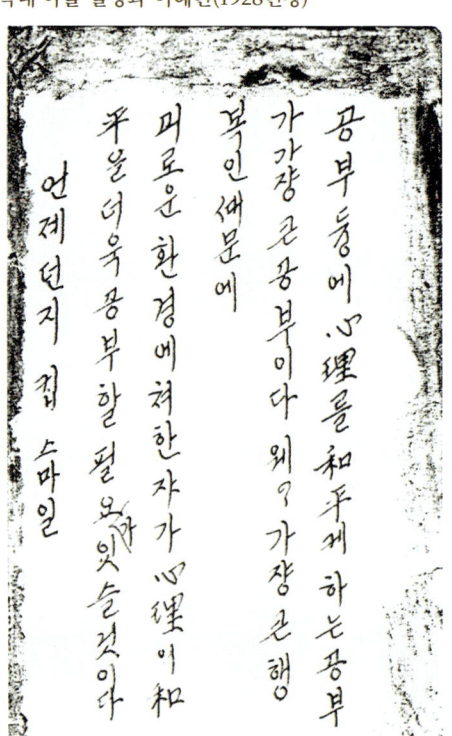

도산이 자녀에게 보낸 엽서(1930)

도산이 피체되기전 부인에게 보낸 편지(1932.1.)

안창호가 아내 혜련에게 보낸 편지(1933.10.1.)

안창호가 딸 수산에게 보낸 옥중 편지
(1933.10.1.)

7장 가족 친지 사진모음

수라의 대학 졸업, 수라는 남가주대학(U.S.C.) 사회복지과를 졸업했다.

수산과 필선의 대학 졸업 1935, 필선은 LA사립대학을 졸업하고 버클리대학에서 화학을 졸업했다. 수산은 LA시립대학을 졸업하고 샌디에고 주립대학에서 사회경제학을 전공했다,

미군에 입대한 삼남매, 왼쪽부터 필영 필립 수산 (워싱턴 D.C., 1944)

7장 가족 친지 사진모음

노년의 이혜련 여사

이혜련

한복을 입은 이혜련

7장 가족 친지 사진모음

한복을 입은 부인 이혜련 여사

집안에서 인터뷰에 응하는 이혜련

노년의 이혜련 가족사진

7장 가족 친지 사진모음

필영 부부, 수라 부부, 필립, 필선 부부문게이트 식당은 중국요리 레스토랑으로 안창호 가족이 1954년 5월부터 1989년 10월까지 35년간 운영하였다. 이 식당에서 안창호 가족과 안창호를 존경했던 여러 동지들의 구심체 역할을 했던 명소였다.

안창호 가족이 살았던 집(1935~1947), 남가주대학(U.S.C.) 교정 내(남가주대학 기계공학과 옆)에 원형 그대로 보존되어 있다. 집 옆에는 안패밀리 거주지(The Akn Family Residence)라는 안내판이 안창호를 한국의 애국자 교육가 사회개혁자 웅변가라고 기록되어 있다.

7장 가족 친지 사진모음

북한의 안치호(안창호의 형) 가족 사진

북한의 이혜련 가족

필립안1

필립안2

7장 가족 친지 사진모음

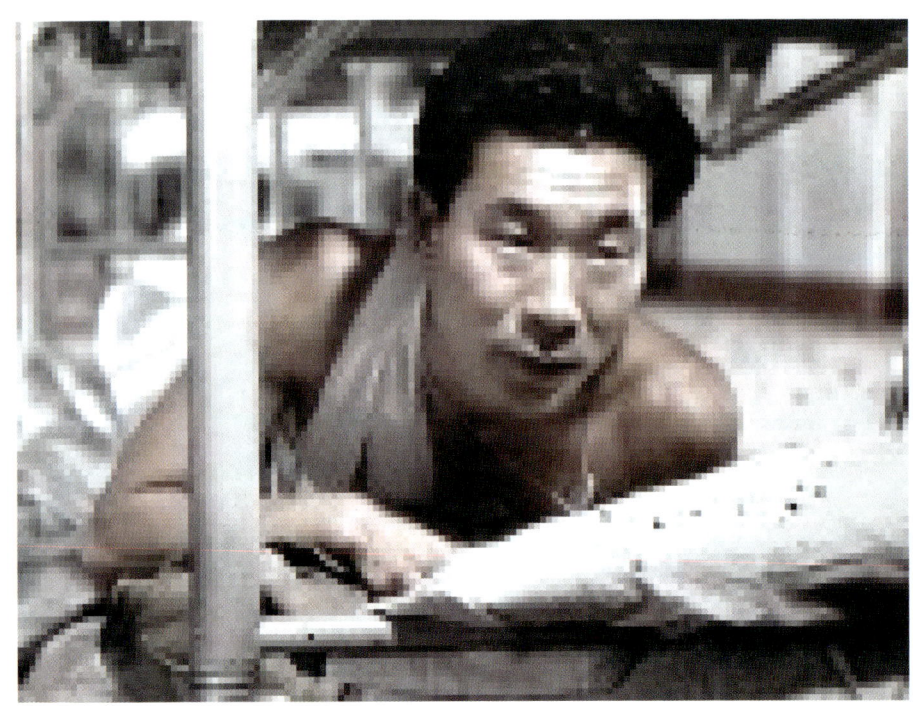

도산의 장남 필립이 영화에 출연한 모습

장녀 안수산

제8장

추모 및
기념 사진모음

1938년 3월~2023년 12월

도산 묘소 이장식(1973.11)

8장 추모 및 기념 사진모음

1938년
- 3월 13일 중국 한구에서 좌파 세력들이 안창호 서거를 애도하는 추도식을 거행하고, 동지회·기독교연합회도 추도회를 거행함.
- 3월 13일 하와이 대한인국민회 주최로 도산 추도식을 거행함.
- 3월 17일 《신한민보》, 〈고 도산 안창호 선생 추도 특별호〉를 발행함.
- 3월 17~19일 대한인국민회, 한국국민당, 하와이 동지회 등, 기관지를 통해 서거 소식을 보도함.
- 3월 20일 임시정부, 장사에서 《공보》 호외를 발간하여 서거 사실를 보도함.
- 3월 20일 로스앤젤레스에서 대한인국민회 중앙상무부가 추도회를 거행함. 샌프란시스코·중가주·오클랜드·몬타나·베라쿠르스 지방회 등도 추도회를 거행함.
- 3월 22일 로스앤젤레스에서 흥사단본부, 이사부 주관으로 추도회를 거행함.
- 3월 23일 미국 워싱턴DC 소재 일간지 《The Evening Star》가 도산의 서거 소식을 보도함.
- 3월 28일 하와이 교포지 《The American-Korean》이 〈Hon, Ahn Changho〉라는 사설과 〈Biography Of Ahn Chang Ho〉라는 도산의 일대기를 실음.
- 서재필은 《신한민보》와 《한국학생회보》에 애도의 글을 싣고 이승만과 홍언은 만장을 보냄.
- 4월 10일 중경에서 도산 서거 추도식을 거행함. 김성숙이 조선민족전선연맹 기관지 《조선민족전선》 창간호에 〈애도 도산 선생〉이라는 시를 드림.
- 4월 15일 장사에서 중국 각 관청과 각 사회 중요 인사들이 추도식을 거행함. 차리석이 《한국혁명영수 안창호선생40년혁명분투사략》을 배포하고 조소앙이 〈도 안도산(悼 安島山)〉이

라는 애도의 시를 헌정함.
- 4월 17일 중경의 상회(商會) 식장에서 이유필·김홍서·윤기섭 등이 도산의 추도대회를 개최함.
- 6월 18일 동우회 18명이 친일단체인 대동민우회에 가입하는 성명을 발표함. 이에 대해 8월 18일, 흥사단은 통상단우 13명을 출단하고 예비단우 5명은 제명함(8·15 해방 후 전원 징계를 해지함).
- 8월 15일 동우회사건 예심 종결로 41명이 기소됨.
- 8월 주요한, 흥사단 기관지 《흥사단보》에 〈도산 선생 추도가〉를 게재함.
- 10월 흥사단, 《흥사단보》(1938.8-10합본호)에 〈도산선생 유훈〉 12개 항과 〈단우성〉을 발표함.
- 11월 10, 17, 24일 홍언, 《신한민보》에 도산을 추모하는 시와 글을 게재함.
- 12월 26일 흥사단본부가 제22회 대회를 도산 선생 추도회를 대체하여 개최함.
- 서재필, 〈Random Thought in English〉라는 원고 속에 도산을 기리는 글을 남김.
- 홍언, 〈追安島山先生, 안도산을 기리며〉이라는 시를 써서 드림.

1939년
- 3월 10일 미주 각지에서 도산 안창호 선생 서거 1주년 기념식을 개최함.
- 4월 임시정부, 유주에서 기강(綦江)으로 이동함.
- 12월 8일 경성지방법원은 동우회 사건 피소자 41명에 전원에게 증거 불충으로 무죄를 선고함.

1940년
- 1월 9일 흥사단 본부, 11월 9일을 '경절일(慶節日)'로 정하고

매년 기념식을 개최하기로 함.
- 3월 10일 중경에서 새로이 '흥사단 원동특별반'을 조직함(반장 차리석).
- 7월 1일 경성지방법원 검사국, 동우회 무죄 판결에 불복하여 항소함.
- 7월 16일 조선총독부와 상해 일본군의 공작으로 상해 단우 53명이 흥사단 원동위원부 해소 성명을 발표함.
- 8월 21일 경성복심병원, 동우회 사건 41명에게 최고 징역 5년, 최하 징역 2년 집행유예 3년을 선고함.
- 10월 11일 중경의 흥사단 원동특별반 단우들이 상해 단우가 발표한 원동위원부 해소를 부인하는 성명을 발표함.

1941년
- 11월 17일 경성고등법원 동우회사건 재판, 3심까지 4년 5개월 만에 전원에게 무죄 판결을 내림.

1945년
- 11월 4일 미주의 한시대·송종익·김병연·김성락·전경무 등 단우가 재미한족연합위원회 국내파견단 14인 중 일환으로 귀국함. 중국에서는 흥사단 원동위원부의 유진동·김붕준 등이 귀국함.
- 11월 22일 서울 아서원에서 국내의 흥사단 단우 장이욱·김윤경·박현환·김선량·주요한·정일형 등을 중심으로 재미한족연합위원회 국내대표단으로 귀국한 단우 환영회를 개최함. 이 환영회에 참석한 단우들은 흥사단 운동을 국내에서 재건하기로 뜻을 모음.
- 11월 23일 애국지사들이 망우리 도산 묘소를 참배함.
- 12월 27일 서울 동자동 조선신학교 강당에서 흥사단 국내 재건을 위한 첫 모임을 열고 국내위원부를 발족함. 33명이 참석하여 김병연·김성락(미국), 김붕준·유진동(중국), 장리욱·김윤경·김여식·주요한·허언·김선량·정일형·박현환(국내) 등 국내위원부

위원 12명을 선출함.

1946년
- 1월 2일 서울 사직동 주요한의 집에서 국내위원부 첫 회의를 열고 위원장에 장리욱, 서무위원에 주요한·박현환, 심사위원에 김윤경, 재무위원에 김선량을 선출하고 본격적인 활동을 시작함.
- 1월 중국에서 일제의 공작으로 1938년 해소 소동을 빚었던 원동위원부가 다시 조직되어 활동하기 시작함.
- 6월 21일 국내위원부, 성명을 발표하여 흥사단이라는 조직 자체는 "결코 정치단체가 아니며, 따라서 어느 특정 정치인을지지 또는 반대하는 일은 없다."고 천명함.
- 9월 28일 서울 종로 중앙기독교청년회관에서 제1차 흥사단 국내대회를 개최함. 단우 79명과 각계 인사 91명이 참석하여 선언문, 행동강령, 훈련요강을 발표하고 〈동포에게 고함〉이라는 호소문을 발표함.

1947년
- 3월 10일 도산기념사업회를 발기함. 위원장 유동렬, 고문 서재필·이승만·오세창·김구·이시영·김규식·조만식, 위원장에 류동렬, 부위원장 김성수·김동원 등을 선임하고 초대 회장 신익희, 2대 회장 김병로, 실무진에 흥사단 단우가 다수가 포함됨.
- 5월 31일 도산기념사업회, 이광수에게 의뢰하여 본문 내용을 집필한 《도산 안창호》의 초판 1만 권을 발간함.
- 10월 4~5일 화광초등학교, 화신백화점, 창덕궁 비원 등지에서 제2차 흥사단 대회를 개최함. 제2차 흥사단 약법 개정을 공포함.

1948년
- 3월 7일 흥사단 국내위원부, 서울 동자동 조선신학교에서 도산 서거 10주기 추모식과 강연회를 개최함.
- 3월 10일 도산기념사업회, 서울 명동 시공관에서 각계 인사 1

8장 추모 및 기념 사진모음

천 5백여 명이 참석하여 도산 안창호 선생 서거 10주기 추도식을 거행함.
- 3월 12~25일 도산 서거 10주기를 맞아 서울과 수원에서 청년학생을 대상으로 순회 강영회를 개최함.
- 6월 23일 흥사단본부, 본부를 미국 로스앤젤레스에서 서울로 이전함. 미국의 본부는 미주위원부로 명칭을 변경함.
- 7월 흥사단본부, 임시 단소를 서무원 박현환의 집(을지로 3가 22번지)으로 정하고 업무를 시작함.

1949년
- 1월 원동위원부, 임원을 위원장 선우훈 등으로 개선함. 중국 본토가 공산화됨에 따라 단우가 탈출하여 홍콩 또는 국내로 귀국함.
- 봄 을지로 2가 199의 34호 대지 181평의 조선신문사 사옥(한국공인사 빌딩)과 설비를 불하받음.

1950년
- 6월 25일 흥사단 본부, 한국공인사 빌딩으로 이전함. 이보다 1개월 먼저 입주하여 인쇄중이던 《동광》 창간호가 6·25 한국전쟁으로 모두 소실됨.

1954년
- 1월 5일 흥사단이 운영하던 한국일보사(한국공인사), 임시 주주총회를 열고 사명을 주식회사 대성문화사로 변경하고 영업목적도 도서 출판과 인쇄업 및 그 부대사업 등으로 정관을 변경함.
- 4월 1일 대성문화사가, 박현환 편저 《속편 도산 안창호》를 발간함.
- 6월 27일 흥사단, 《새벽》을 발간하기 위한 계획을 논의하고 9월에 창간함.

1955년
- 3월 7일 도산안창호선생기념사업회 재건위원회 개최, 회장에 신익희 선출함. 부회장에 최남선 선출, 김법린, 김윤경

- 3월 9일 도산기념사업회를 재조직하여 총회를 개최하고, 이튿날 10일 망우리 도산 묘소에서 도산 서거 17주기 추도식을 거행함.
- 10월 15일 도산기념사업회, 망우리 묘소에 도산 묘비를 제막함. 비문은 이광수가 작성해 놓은 글을, 글씨는 손재형과 김기승이 씀.

1956년
- 10월 25일 도산안창호선생기념사업회, 총회를 개최하고 회장 김병로 선출함. 부회장 최두선, 백남훈, 김윤경

1957년
- 2월 도산기념사업회, 망우리 도산 묘소를 이장하기 위해 흑석동 산 1번지 소재 터 일부를 불하받기 위해 당국과 교섭함.
- 4월 5일, 도산기념사업회, 흑석동 도산 묘소 이장 후보지에서 식목 행사를 함.

1958년
- 3월 10일 도산안창호선생 서거 20주기 추모식을 거행함(태평로 옛 국회의사당). 이혜련 여사와 안필립 등 가족이 참석함.

1959년
- 3월 12일 도산의 장남 필립 안이 처음으로 내한하여 도산 묘소를 참배함.
- 10월 《새벽》 잡지를 휴간 8개월 만에 속간함.

1962년
- 3월 1일 도산에게 건국훈장 대한민국장이 추서됨
- 3월 부인 이혜련 여사와 3남 안필선이 귀국하여 청화대를 예방하고 망우리 도산 묘소 헌화, 서대문형무소 예방, 도산의 주요 옛 동지를 만남 등 활동을 함.
- 4월 9일 부인 이혜련 여사가 안광수 LA 총영사로부터 도산에게 추서된 건국훈장 대한민국장을 대신 받음.

8장 추모 및 기념 사진모음

1963년
- 3월 10일 서울 국민회관에서 도산 안창호 선생 서거 25주기 추모식을 개최함.
- 5월 30일 대성문화사, 《안도산전서》(주요한 편저)를 간행함.

1969년
- 4월 21일 부인 이혜련 여사가 로스앤젤레스에서 심장병으로 별세함.

1971년
- 4월 16일 도산공원 기공식을 거행함(서울특별시 강남구 신사동 649-9). 도산안창호기념사업회, 회장 최두선 선출(제4대)

1972년
- 8월 22일 도산안창호기념사업회가 재발족됨. 회장 박흥식(제5대), 후원회장 백낙준

1973년
- 11월 10일 망우리 공동묘지의 도산 안창호 선생 유해와 미국의 이혜련 여사의 유해를 도산공원에 이장 합장함(이장위원장 정일권 국무총리).
- 11월 10일 도산안창호 선생 동상 건립, 도산기상건립비 건립(김선량), 무궁화 1만주 식수(김재순), 청담동에서 논현동에 이르는 도로를 도산대로로 명명함.

1978년
- 9월 27일 도산 탄신 100주년 기념대회를 서울 세종문화회관에서 2천여 명이 참석한 가운데 거행함.

1979년
- 5월 도산공원 봉사친목모임 도산동우회 결성
- 12월 흥사단 미주위원부, 로스앤젤레스 단소를 매각함.

1982년
- 10월 24일 도산의 장녀 안수산이 방한하여 흥사단본부와 도산의 유품 기증을 협의하고, 98점의 유품을 독립기념관건립추진위원회에 기증함.

1938년 3월~2023년 12월

1983년 • 6월 10일 흥사단본부, 출판부를 발족하고 9월부터 《도산 안창호》(이광수 저) 100만부 보급 운동을 본격적으로 전개함.

1985년 • 2월 14~23일 흥사단 미주위원부와 미주도산기념사업회가 LA 한국문화원에서 도산 안창호 유품전시회를 개최함.
• 3월 7일 도산의 장녀 안수산이 방한하여 도산 유품 200여 점을 독립기념관에 기증함.
• 3월 9일 흥사단 강당에서 도산사상연구회를 발족함. 임원으로 회장 김태길, 부회장 조순·한기언·서영훈, 분과위원장 강기철(기획)·김신일(교육)·진덕규(연구)·장을병(문화홍보), 고문 이희승·이용설·한경직·김재준·함석헌·현석호, 지도위원 김성식·조용만·손인실·정대위·최석채·구상·안병욱·이한빈으로 구성함.
• 11월 9일 흥사단 강당에서 도산사상연구회가 제1회 도산 사상 세미나를 개최함.

1986년 • 5월 13일 도산사상연구회, 《도산사상연구》 제1집을 발간함.
• 12월 5일 서울 대학로에 도산회관을 준공함(흥사단본부 증축).

1987년 • 1월 15일 도산안창호선생기념사업회 재조직, 위원장 김상협 선임(제6대), 부회장 김동길 문태준 하영기, 상임이사 서영훈
• 5월 동우회 사건으로 서대문형무소에 보존되고 있던 도산의 옥중 사진을 발굴함.

1988년 • 3월 10일 도산 순국 50주기 추모식을 서울 류관순기념관에서 거행함(1천여 명 참석).
• 5월 6~15일 도산 유품과 사진 전시회를 도산회관(흥사단본부)에서 열림.

8장 추모 및 기념 사진모음

1989년
- 6월 3일　흥사단이 부설 기관으로 도산아카데미연구원을 개원함.
- 9월 28일　도산아카데미연구원이 제1회 '도산 조찬 세미나'를 개최함.
- 11월 9일　도산공원 '도산묘비문 해설비 및 어록비' 건립함(글씨 : 김기승)

1990년
- 2월　주요한 편저 《안도산전서》 상권, 중권을 발간함.
- 11월 9일　도산아카데미연구원, 제1회 '도산의 밤'을 개최함.

1991년
- 4월 12일　도산안창호선생기념사업회장, 회장 강영훈을 선임함(제7대).
- 4월 25일　격월간 《도산일보》 창간함(2008년 5월호까지 발간).
- 4월 26일　도산사상연구회, 2대 회장 한기언 선임함.
- 11월 9일　도산아카데미연구원, 《도산연구논총》 제1집을 발간함.

1992년
- 4월 2일　제1회 도산사상연구발표회를 개최함.
- 11월 11월 문화인물 도산 안창호 기염 및 탄신 114주년 기념 문화축전을 개최함.

1993년
- 4월 22일　도산사상연구회, 3대 회장 김신일 선임
- 7월 27일　역사기행 〈청해진에서 백두산까지〉을 도산안창호선생기념사업회와 흥사단이 공동으로 징행함(7.27~~8.8, 35명 참가).
- 9월 24일　도산안창호선생기념사업회, 법인 설립허가를 받음(문화체육부 26호).
- 10월 28일　도산안창호선생기념사업회, 사단법인으로 등록함.

1938년 3월~2023년 12월

1994년
- 2월 3일 도산사상연구회, 미국 LA에서 〈도산 ; 코리안 아케데칸〉 주제로 국제학술대회를 개최함.
- 7월 25일 도산사상연구회, 중국지역 도산연구 학술기행, 연변대학과 공동으로 진행함(7.25~8.4)

1995년
- 2월 25일 도산안창호선생기념사업회, 정기총회를 개최, 회장 강영훈 연임, 상임 부회장 서영훈

1996년
- 4월 18일 도산안창호선생기념사업회, 재정경제원으로부터 '공익성 기부금 단체'로 지정됨.

1997년
- 1월 21일 도산안창호선생기념사업회, 정기 이사회를 개최함. 회장 강영훈, 상임부회장 서영훈, 감사 이세중
- 7월 15일 도산사상연구회, 4대 회장 서영훈 선임함.
- 12월 23일 도산공원, 도산안창호기념관 기공식을 거행함. 각계 인사 300여 명 참석

1998년
- 11월 9일 도산 탄신 120주년을 맞아 도산공원 안에 도산안창호기념관을 개관함.

1999년
- 2월 3일 도산안창호선생기념사업회, 정기총회를 개최하고 회장 강영훈 선임함. 부회장 서영훈 박기억, 사무총장 최중호
- 2월 5일 도산사상연구회, 5대 회장 윤병석 선임함.
- 3월 10일 도산안창호선생기념사업회, 《수난의 민족을 위하여 ; 도산 안창호의 생애》를 발간함.
- 5월 13일 한국교원단체총연합회, 올해의 '겨레의 스승'에 도산 안창호를 선정함.
- 11월 9일 흥사단 출판부, 증보판 《안도산전서》(주요한 편저)를 발간함.

8장 추모 및 기념 사진모음

- 11월   도산안창호선생기념사업회, 제1회 도산 안창호 글짓기 공모전 시상식을 실시함.
- 12월 15일   도산아카데미연구원이 사단법인 도산아카데미(초대 이사장 김재순)를 창립함.

2000년
- 5월   제1회 도산안창호기념관 및 도산공원 관람 감상문을 모집 시상함.
- 11월 9일   도산안창호기념사업회, 《도산안창호전집》 전 14권과 부록 1권을 간행함.
- 12월   강남구, 도산공원 정문~도산대로 150m를 '리버사이드 길'로 명명함.

2001년
- 2월   문화관광부, 도산안창호기념관을 2층 박물관으로 등록함.
- 8월 20일   미국 리버사이드시, 시청 앞 광장에 도산 안창호 동상을 건립함.
- 11월 15일   도산안창호선생기념사업회, 《도산안창호전집》 총14권을 간행함.

2002년
- 2월 27일   도산안창호기념사업회, 회장 서영훈을 선임함. 부회장 정근무 서상목 김신일
- 3월 9일   서울 강남구 도산대로의 도산공원 진입로에 '리버사이드길' 조형물(재질 화강석과 브론즈)을 설치함.
- 5월 2일   국가보훈처, 도산안창호기념사업회에게 비영리법인 설립 허가를 줌.
- 12월 18일   도산사상연구회, 회장 이만열을 선임함.

2003년
- 4월 3일   도산사상연구회를 도산학회로 개칭함.
- 5월 13일   도산공원, 도산안창호선생도상을 재건립함. 조각 이승택 작가, 삼성전자 헌납

1938년 3월~2023년 12월

- 12월 9일   대한인국민회 북미총회, 회관을 복원 중공함.

2004년
- 6월 2일   제1회 도선학술문화강좌를 실시함(6.2~7.7, 총 6회).
- 6월 11일   흥사단 미주위원부, LA다운타운에 'Dosan Ahn Chang Ho Memorial Interchange'(도산 안창호 메모리얼 인터체인지) 표지판 헌정식과 제막식을 거행함. 로스앤젤레스 도심을 가로지르는 10번과 110번 프리웨이가 서로 만나는 위치에 있음.
- 9월 11일   LA 코리안타운에 '도산 안창호 우체국' 명명식을 거행함.

2005년
- 2월 17일   도산안창호선생기념사업회, 제9대 회장 정근모를 선임함.
- 4월 21일   LA 코리안타운 '도산 안창호 우체국'의 현판식을 거행함.
- 5월 13일   흥사단 미주위원부 LA지부가 《도산 안창호》(이광수 저) 영역본을 발간함.
- 6월 1일   도산안창호선생기념사업회 편, 어린이를 위한 도산전기 《도산 안창호 이야기》를 출간함.
- 8월 10일   서대문역사박물관에서 광복 60주년 8월의 독립운동사 도산안창호 선생 선정기념 학술회의(도산 안창호의 유산과 미래)를 실시함.
- 8월 30일   흥사단 이사회에서 《도산 안창호》(이광수 저)의 추가 출판을 중지하기로 결의함.
- 11월 9일   《미주 국민회 자료집》 전 22권을 발간함.
- 11월 9일   도산안창호선생기념사업회, 도산공원에 새로운 묘비를 제작하여 세움(이만열 글, 정근모·이세웅 세움). 옛 묘비는 도산기념관 지하에 보관함.

8장 추모 및 기념 사진모음

2006년
- 9월 15일 서울특별시교육청, 도산안창호선생기념사업회를 평생학습 협력기관으로 지정함.

2007년
- 8월 15일 흥사단 서울지부, 새 화폐에 도산 안창호 초상 넣기 캠페인을 전개함.
- 11월 8일 도산학회, 신민회 100주년기념 정기학술대회의를 개최함.

2008년
- 1월 7일 도산안창호선생기념사업회, 백낙환 제10대 회장을 선임함.
- 3월 10일 서울 도산공원에서 '도산 안창호 선생 순국 70주기 추모식'을 거행함.
- 5월 9일 도산안창호기념관, 도산안창호 동상이 국가보훈처 현충시설에 설치됨.
- 8월 15일 국가보훈처, 이혜련 여사에게 건국훈장 애족장을 수여함.
- 8월 20일 도산안창호 선생 탄신 130주년, 서거 70주년 기념 미주 한인 사적지 답사를 미국 샌프란시스코 및 로스앤젤레스 일대에서 실시함(8.20~8.30).

2009년
- 2월 26일 도산학회, 제7대 윤경로 회장을 선임함.
- 3월 6일 도산안창호선생기념사업회, '비영리민간단체 지원법'에 따라 국가보훈처 등록함(6호).
- 9월 15일 서울특별시교육청, 도산안창호선생기념사업회를 현장체험학습기관으로 지정함.

2010년
- 4월 30일 도산안창호선생기념사업회, 행정안전부 지원 비영리민간단체 공익사업 '청소년을 위한 애기애타 리더십 프로그램' 사업을 시행함.

- 9월   도산안창호선생기념사업회, 국립민속박물관 운영 민속활사박물관협력기관 가입을 체결함.
- 11월 30일   국가보훈처, 문화일보 주최 보훈문화상 기념사업부문을 수상함.
- 12월 6일   흥사단, 애국가작사자규명위원회(위원장 오동춘)를 구성함.

2011년
- 2월 8일   도산안창호선생기념사업회, 백낙환을 회장으로 연임함.
- 5월 13일   《도산 안창호의 애기애타 리더십》 서상목 외, 영문 번역본 《Dosan's way to Leadership》 ; 《Love Yourself, Love Others》 출판기념회를 실시함.
- 11월 4일   예술의 전당 오페라극장에서 도산 안창호 1인 오페라 〈아버지, 도산안창호〉을 공연함.
- 12월   국가보훈처의 지원으로 영상물 〈항일운동 독립의 빛〉을 제작함.
- 12월 27일   행정안전부 국가기록원, '도산 안창호 관련 미주 국민회 기록물'을 국가기록물로 지정함.

2012년
- 3월 10일   도산사상연구발표회, 도산학회 연구발표회로 개칭함.
- 8월 15일   흥사단 애국가작사자규명위원회, 서울 프레스센터에서 〈애국가 작사자는 도산 안창호〉 발표회를 개최함.
- 9월 26일   흥사단 로스앤젤레스지부, 대한인국민회 회관에서 〈애국가 작사자 규명 발표회〉를 개최함.
- 10월 19일   문화재청, 도산공원 내 도산안창호 선생 묘소를 등록문화제로 지정함(제517호).

2013년
- 5월 4일   흥사단 미주위원부, LA 작가의 집에서 흥사단 창립 100주년 기념대회를 개최함.

8장 추모 및 기념 사진모음

- 5월 11일 흥사단, 서울 올림픽공원 올림픽홀에서 흥사단 창립 100주년 기념식을 개최함.
- 5월 10~12일 흥사단 오페라단, 서울 세종문화회관 대극장에서 흥사단 창립 100주년 기념 창작 오페라 〈선구자 도산 안창호〉를 4회 공연함.
- 5월 11~12일 KBS-TV가 흥사단 창립 100주년 기념 다큐멘터리 〈영원한 청년 도산 안창호〉를 방영함.
- 5월 13일 우정사업본부가 도산 선생의 근영이 디자인된 흥사단 창립 100주년 기념우표 120만 장을 발행함.
- 5월 16일 KBS-TV가 역사 스페셜 〈도산 안창호와 흥사단 100년〉을 방송함.
- 9월 16일 도산 안창호 선생 유족, 소장하고 있던 대한인국민회 관련 자료 약 5,000여 점을 기증함.
- 10월 18일 도산안창호기념관, 국립중앙박물관 지정 '경력인정기관'으로 선정함.
- 8월 27일 흥사단본부, 서울 종로 대학로 흥사단 앞에서 도산 흉상과 어록비를 제막함.
- 11월 4일 도산 선생이 1933~1935년 경 옥중에서 제작한 지승공예품 11점을 기증 받아(김종철 기증) 공개함.

2014년
- 2월 6일 도산안창호선생기념사업회, 제11대 회장으로 서상목을 선임함.
- 6월 19일 도산안창호선생기념사업회, 임시이사회를 열어 명예회장 백낙환을 선임함. 부회장 김재실
- 11월 29일 흥사단, 《흥사단100년사》(2013)을 발간함.

2015년
- 3월 10일 서울강남육지원청, 도산안창호선생기념사업회 평생교육시설로 지정함.
- 6월 25일 도산 선생 장녀 안수산 여사가 별세함(로스앤젤레스).

- 8월 13일 미국 애틀랜타 마틴루터기념관 사적지 입구 명예의 전당에 도산 안창호 선생 발자국을 헌액함.
- 8월 13일 광복 70주년을 맞아 8.15광복절 특별행사(도산안창호선생기념사업을 위한 후원 바자회, KBS라디오-황정민의 FM 대행진, 7070 광복을 외치다, 민족스승 도산안창호 도서 무료 배부)를 실시함(8.13-8.15).
- 12월 4일 흥사단, 《흥사단인물101인》을 발간하고 출판기념회와 유가족 헌정식을 개최함.
- 12월 31일 강남구청, 도산안창호선생기념사업회를 관리위탁함(1916.1.1~ 1918.12.3).

2016년
- 3월 1일 도산안창호선생기념사업회, 도산기념관 지하에 보존해 온 도산의 옛 묘비(비문 이광수 지음)를 43년 만에 망우리 공원으로 옮김.
- 6월 15일 도산 애기애타리더십연구회, 창립총회를 개최함.
- 9월 29일 도산안창호선생기념사업회·강남구청·강남서초교육지원청, 도산 애기애타리더십 인성교육 업무협의서를 체결함.

2017년
- 2월 10일 도산안창호선생기념사업회 제12대 회장으로 김재실을 선임함.
- 7월 3일 도산학회, 도산 안창호 선생 탄신 139주년 기념으로 미주국제학술회의를 실시하고 유적지(미국 샌프란시스코 오클랜드 한인일감리교회, LA 옥스퍼드 팔레스호텔 등)을 답사함(7.3~7.11).
- 9월 6일 도산안창호선생기념사업회, 도산안창호포럼을 출범하고 제1회 포럼을 실시함.

2018년
- 3월 10일 도산기념사업회와 흥사단, 도산공원에서 도산 안창호 선생 순국 80주기 추모식을 거행함.

8장 추모 및 기념 사진모음

- 3월 10일   로스앤젤레스흥사단과 OC흥사단이 도산 안창호 선생 순국 80주기 추모식을 거행함.
- 8월 6일   문화재청, '도산 안창호 일기'를 항일 독립 유산으로 등록함.
- 8월 16일   한국조폐공사, 도산 안창호 선생 탄신 140주년 기념 주화를 발행함(금 300장, 은 1,000장).
- 9월 14일   대한민국 해군, 거제 대우조선 해양에서 최초의 자체 기술로 설계·건조된 첫 3,000톤급 잠수함 도산안창호함(KSS-III) 진수식을 거행함.
- 11월 9일   미국 캘리포니아주, 도산 탄신 140주년을 맞아 '도산 안창호'의 날을 제정, 선포하고, 로스앤젤레스 The Line Hotel Los Angeles에서 미주도산기념사업회·대한국민회기념재단·흥사단 공동으로 제1회 도산 안창호의 날 이념식을 개최함.
- 11월 14일   도산학회, 제5회 도산안창호포럼을 열고 이명화를 회장으로 선출함.

2019년
- 1월 3일   진해 잠수함사령부, 도산안창호함(3천톤급) 부대를 창설함.
- 3월 1일   USC 한국학도서관과 LA 총영사관이 임시정부 수립과 3·1 운동 100주년을 기념하기 위해 그동안 USC 동아시아도서관에서 특수 약품 처리와 디지털 스캔 작업이 진행돼 완료된 국민회 유물과 사료 일부를 공개함.
- 4월 1일   국가보훈처, 도산안창호 선생을 '이달의 독립운동가'로 선정함.
- 11월 16일   흥사단, 뮤지컬 〈도산 안창호〉를 광진구 나루아트센터에서 공연함(11.16~11.17).

2020년
- 4월 1일   도산안창호기념관, VR박물관을 개설함.
- 9월 20일   흥사단 상해지부, 원동위원부 창립 100주년을 기념

하여 역사 탐방을 시행하고 '원동위원부 표지판'을 제작함.
- 2월 30일   도산안창호포럼, 제1집으로 김형석·김동길·신용하 교수의 〈도산 선생을 말한다〉를 발간함.

2022년
- 2월 26일   도산 선생의 3남 안필영, 미국 로스앤젤레스에서 별세함.
- 8월 1일   도산안창호포럼. 제3집 《애국가작사와 도산 안창호》 발간함. 저자 신용하·박재순·오동춘·임진택·안용환
- 9월 17일 도산안창호윈드 오케스트라를 창단식을 거행함.

2023년
- 5월 1일   미국 리버사이드시 Dawson 시장 및 대표단, 안창호 기념관 및 도산공원을 방문함.
- 10월 10일 흥사단, 도산의 연설·담화·구술·서한·가사·옥중답변·기타를 모은 《도산 안창호의 말씀》(엮은이 박만규·박화만)을 발간함.

8장 추모 및 기념 사진모음

1938년 3월~2023년 12월

미국 로스앤젤레스에서 거행된 안창호 선생 추도식(1938.3.20.)

8장 추모 및 기념 사진모음

흥사단보 24권 3.4.5월호(1938)

송태산장을 방문한 청년학생들(1938.5.)

1938년 3월~2023년 12월

흥사단 제25차 연례대회 당시 임원들(1938) 김병연 황사선 김석원 임준기 송종익 이암

8장 추모 및 기념 사진모음

도산 안창호 선생 도산공원 내 동상

1938년 3월~2023년 12월

미국 리버사이드시청 건너 편 도심의 도산 동상

8장 추모 및 기념 사진모음

미주의 한국광복군 성립 기념식(1940.10.)

흥사단 제26차 연례대회

좌우합작에 성공한 임정 제34차 의정원(1940)

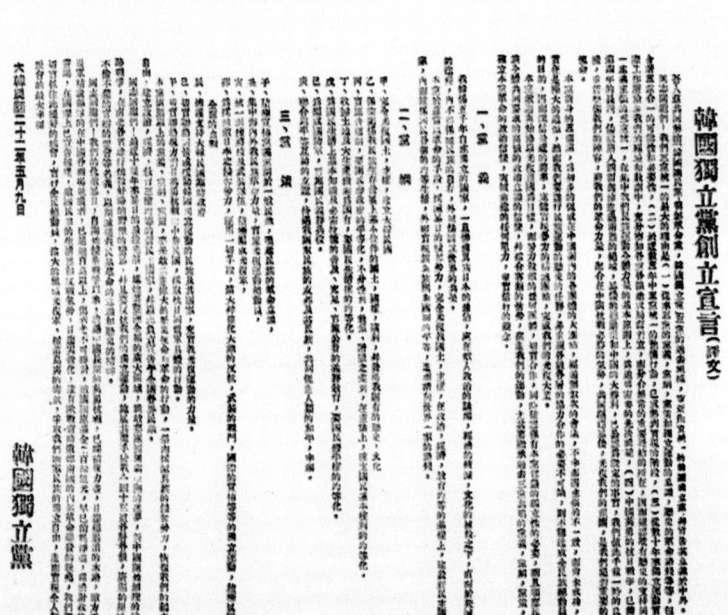

한국독립당 창립선언서(1940.5.)

8장 추모 및 기념 사진모음

대한민국임시정부 개선 환영식(1945.11.)

홍사단 상해 원동위원부 단우 일동(1946.1.)

1938년 3월~2023년 12월

광복후 상해에 잔류한 원동위원부 단우 일동(1946.5.20.)

8장 추모 및 기념 사진모음

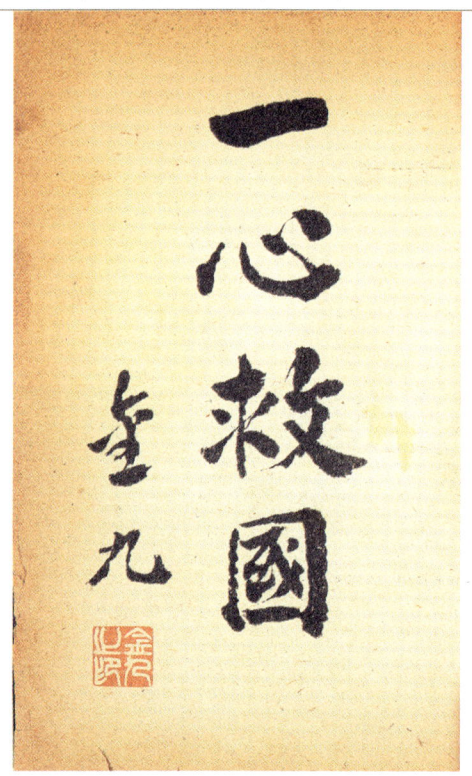

《도산안창호》에 수록된 김구 휘호(1947)

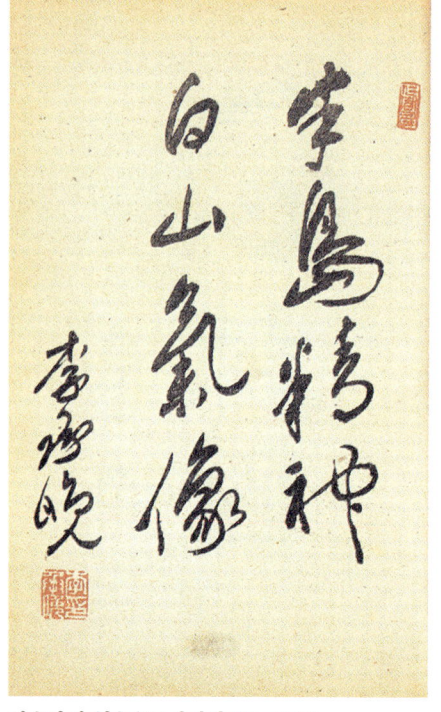

이승만의 휘호(《도산안창호》, 1947)

1938년 3월~2023년 12월

흥사단 제2차 국내대회(1947)

8장 추모 및 기념 사진모음

흥사단 40차 대회(1954)

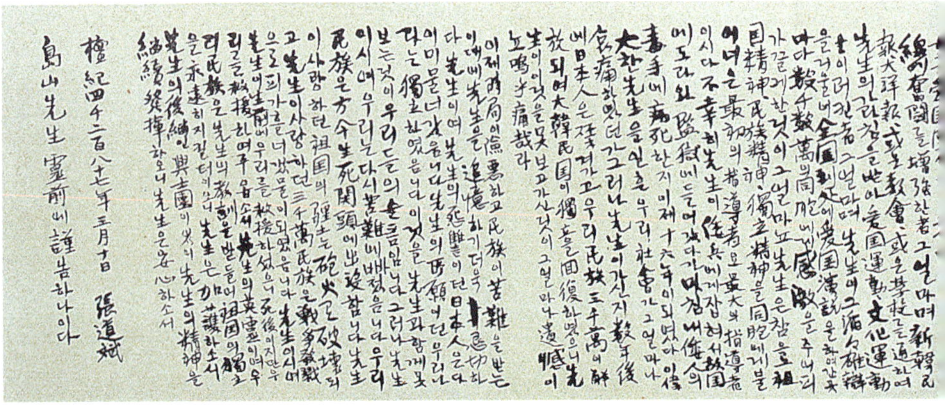

장도빈의 안창호 서세 26주년 추도사(1954.3.10.)

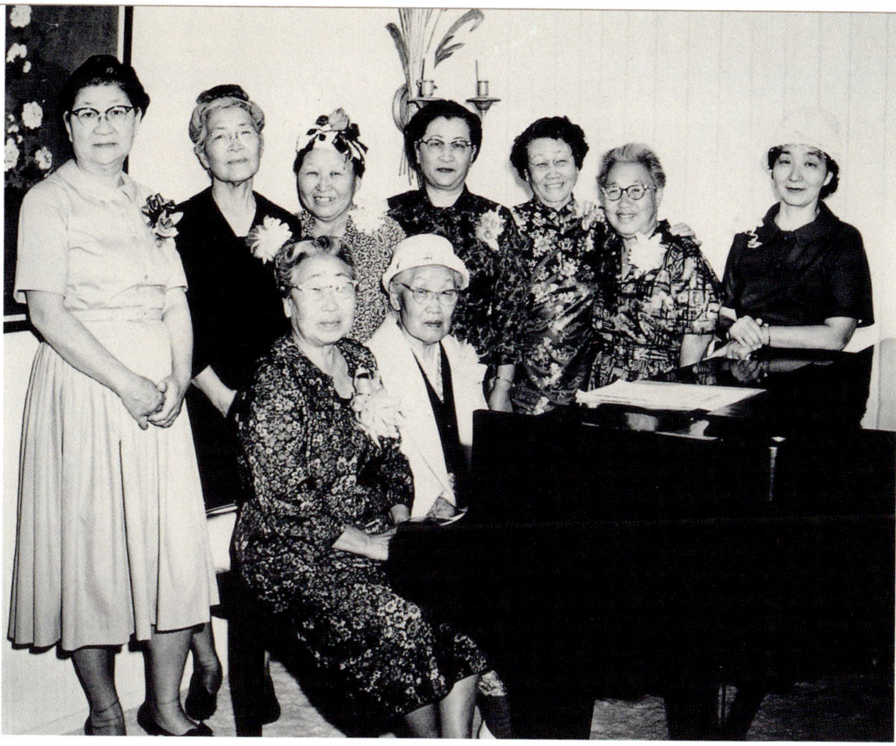

대한여자애국단(1950년대), 왼쪽부터 한시대 부인 김혜원(3번째, 김석원 부인) 임인자(5번째) 성상대 부인 미쎄스 한 앉은 이 이혜련 한시대 모친

追悼辭

島山先生은 偉大한 愛国者이시다 青年에
朝鮮末世를 當하여 政治腐敗하고 民生이
塗炭에 든 것을 痛嘆하여 平壤에서 民衆
을 모아 貪官汚吏를 攻擊하기도 先生이오
서울에 負笈하였다가 美洲에 渡航하여 修學
을 進行하는 中에 祖国의 風雲이 急하여 国
家의 滅亡이 目睫에 迫한 것을 보고 大聲
疾呼하여 民會를 設立하고 新聞을 發
行하여 同胞를 警醒하기도 先生이오 乙
巳條約을 日本의 侵略이 크니 [illegible]을 보고
翻然 故國에 도라와 全国民에게 祖国의
獨立을 지키자는 警鐘을 울녀 一言에 千
人이 警醒하고 一談에 萬人이 奮發하여 二
千萬同胞로 하여금 愛国愛族 抗日
獨立의 길로 나가게 하기도 先生이오 大
成學校를 세워 青年子弟를 모아 獨
立精神을 培養하기도 先生이오 新民會
를 세워 全国志士를 모아 排日運動을
大大的 展開하기도 先生이오 青年學友會
를 세워 全国青年을 抗日獨立運動으
로 指導하기도 先生이라 先生이 마침내
日本官吏의 壓迫으로 監獄에 들어갔다
나오자 韓帝国은 滅亡을 當하게 된 故로 先
生은 国外에 亡命하여 中国 露領에서 獨立
運動을 展開하다가 美洲에 가서 興士團을
세워 獨立運動을 繼續하고 三一運動
直後에 上海에 도라와 韓国臨時政府를
育成하였다
爾來 三十餘年에 先生의 數多한 活
動과 偉大한 感化力으로 国民이 蒙昧를
脫하고 愛国運動을 한者 그얼마며 青年이

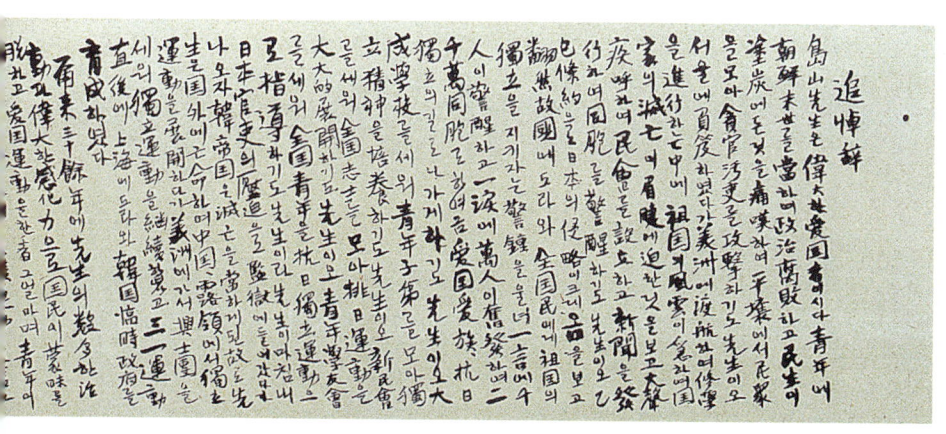

8장 추모 및 기념 사진모음

망우리에 있던 도산 묘소의 묘비(1955경)

대한인국민회 50주년 기념(1959.2.1.)

1938년 3월~2023년 12월

1950년대의 대성빌딩(1957년경)

8장 추모 및 기념 사진모음

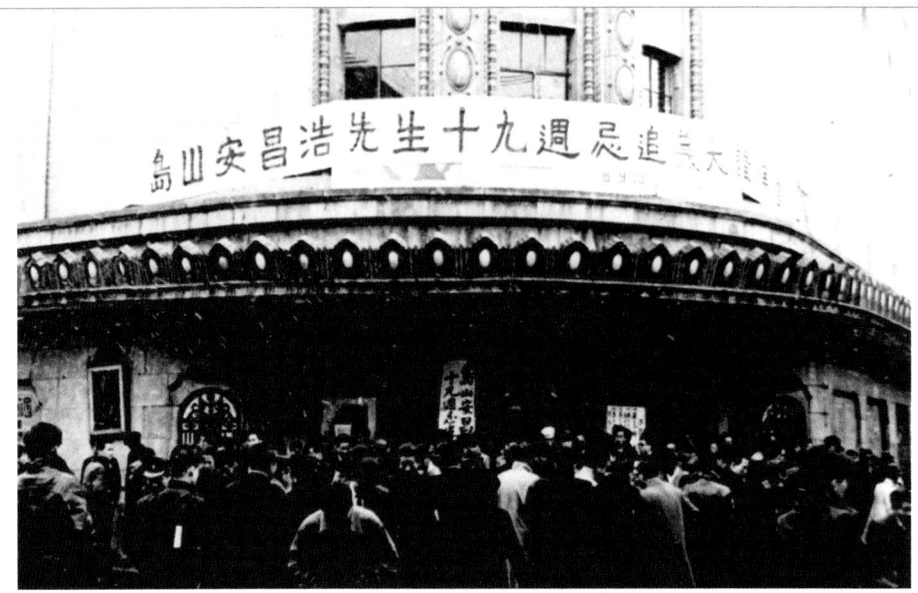

명동 시공관에서 열린 도산 19주기 추모대회(1957)

안필립최초방한기념(1959.3.20. 여의도)

1938년 3월~2023년 12월

건국공로훈장증 (1962.3.1.)

건국공로훈장 대한민국장(1962)

8장 추모 및 기념 사진모음

훈장을 받은 이혜련 여사(1962, LA)

비행장에서 환영을 받는 이혜련과 안필립(1962)

망우리 안창호 묘소에 헌화하는 이혜련(1962)

안창호가 투옥되었던 감방을 살펴보는 이혜련(1962)

8장 추모 및 기념 사진모음

이강을 만난 이혜련(1962)

이강 가족과 함께(1962)

이혜련과 조만식 미망인(1962)

도산 25주기 추도식(1963)

8장 추모 및 기념 사진모음

11차국내대회회를 마치고(1963.11.9.)

1938년 3월~2023년 12월

제11차 국내대회를 마치고(1963.11.9)

8장 추모 및 기념 사진모음

도산공원기공식(1971.4.16.)

1970년대의 대성빌딩(1973년경)

1938년 3월~2023년 12월

도산공원으로 모시 전 정신여고 강당에 모신 도산 선생 내외분의 운구(1973.11.)

도산 안창호외 이혜련 여사 이장식(1973.11.9.)

8장 추모 및 기념 사진모음

도산공원에 있던 옛 도산동상(1973)

도산공원 내에 세운 도산의 말씀 기념비

1938년 3월~2023년 12월

도산탄신100주년기념식(1978)

1983년 발행된 도산기념우표(1983)

8장 추모 및 기념 사진모음

도산사상연구회 창립총회(1985.3.9.)

도산 서거 50주기 추모식(1988)

1938년 3월~2023년 12월

독립기념관의 도산 밀립상(1988경)

8장 추모 및 기념 사진모음

부인 이혜련 여사가 보관했던 백범 김구 친필 서명 태극기(1941.3.)

1938년 3월~2023년 12월

도산 안창호 사진, 태극기와 흥사단기

창립초기에 아용한 흥사단 단기

8장 추모 및 기념 사진모음

愛己愛他

島山

도산친필휘호 애기애타

1938년 3월~2023년 12월

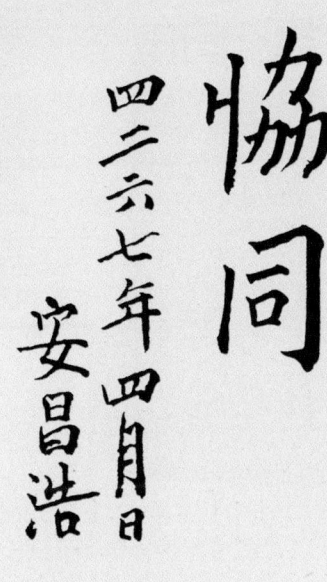

도산이 남긴 친필 휘호 협동

도산친필휘호

8장 추모 및 기념 사진모음

도산이 애독하던 성경책

도산이 유럽에서 미국올 때 이용한 선박
안내서 및 선박표

1938년 3월~2023년 12월

오렌지 농장에서 노동을 할 때 착용한 각반

도산유품 재떨이, 칠기담배갑, 은제담배갑, 담뱃대

8장 추모 및 기념 사진모음

도산이 사용했던 명함(리버사이드)

만년필

행리(멕시코 순행 당시 사용)

1938년 3월~2023년 12월

토시

흥사단 로고

행리(멕시코 순행 당시 사용)

8장 추모 및 기념 사진모음

도산이 평소 휴대했던 지갑, 수첩, 만년필

지갑 수첩류

지갑과 수첩류

1938년 3월~2023년 12월

상아로 만든 도장과 도장집

도산의 유품-주머니칼

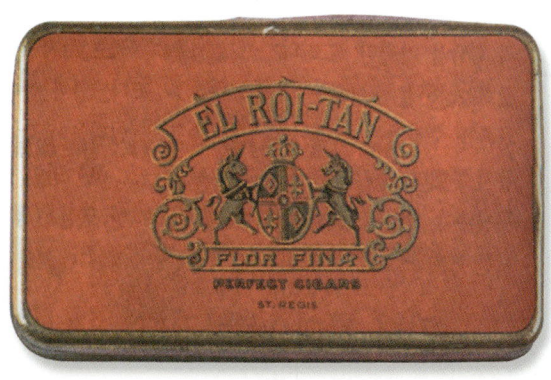

도산이 상용하던 담뱃갑

8장 추모 및 기념 사진모음

도산안창호기념관 기공식(1997)

도산안창호기념관 개관식(1998.11.9.)

1938년 3월~2023년 12월

도산안창호 기념관 전시실 내부2(2000경)

8장 추모 및 기념 사진모음

리버사이드길 명명식(2002.3.9.)

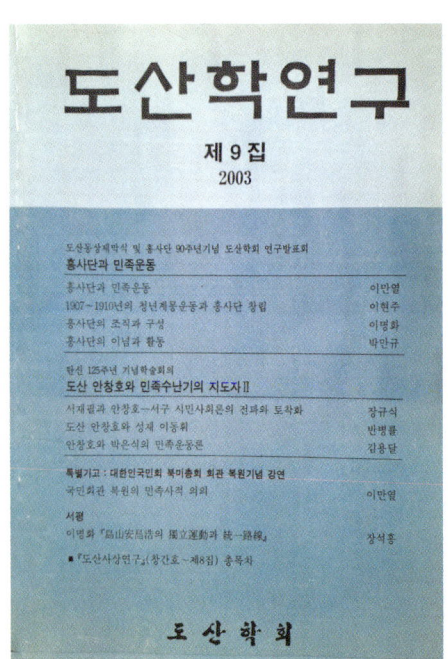

도산학연구(2002)

1938년 3월~2023년 12월

LA에 조성된 도산우체국(2005년경)

LA에 조성된 도산안창호광장 안내표지(2004.6.11.)

8장 추모 및 기념 사진모음

안창호 선생 이혜련 여사 묘비 이만열 지음 정근모 이세웅 세움(2005.11.9)

안창호 선생 이혜련 여사 묘비 측면 (2005.11.9)

안창호 선생 이혜련 여사 묘비 후면 (2005.11.9)

1938년 3월~2023년 12월

도산묘소 사진

8장 추모 및 기념 사진모음

제100차 흥사단미주대회(죠지메이슨대, 2013.5.11.)

1938년 3월~2023년 12월

흥사단 창립 100주년기념식(2013.5.11.)

8장 추모 및 기념 사진모음

흥사단 창립100주년기념식(올림픽공원 올림픽홀 2013.5.11.)

1938년 3월~2023년 12월

도산 안창호함 항해 모습(2021.8.13) 도산안창호함(KSS-Ⅲ)은 국내 기술로 독자 설계·건조된 해군의 첫 번째 3000톤급 잠수함이다. 2022년 8월 실전 배치되어 전방위적 위협에 대응하는 국가 전략 무기 체계로 활약하고 있다.

대한민국국부 도산안창호전서 발간위원회

위원장	박만규	
위원	박화만·정철식·박철성	
집필위원	Ⅰ권	박만규·박화만
	Ⅱ권	박만규·박화만
	Ⅲ권	박만규
	Ⅳ권	박화만
	Ⅴ권	박화만

대한민국국부 도산안창호전서 Ⅴ

도산 안창호의 연보와 사진

초판	2025. 5. 10.
엮은이	박화만
발간	대한민국국부 도산안창호전서 발간위원회
펴낸곳	흥사단
주소	03086 서울특별시 종로구 대학로 122
전화	02-743-2511~4
팩스	02-743-2515
홈페이지	www.yka.or.kr
이메일	yka@yka.or.kr
디자인·인쇄	세창문화사 (☎ 1544-1466)

ⓒ 사단법인 흥사단

ISBN	978-89-88930-60-1
ISBN	978-89-88930-55-7 (세트)

값 30,000원